Die schönsten Radtouren

Radeln im Fünfseenland

Malerische Touren im Starnberger Seenland, Pfaffenwinkel und Werdenfelser Land

J. BERG

Inhalt

3 Von Fürstenfeldbruck zum Ammersee

12 Rund um Seeshaupt

20 Rund um den Staffelsee

22 Durch die Berge zur Wieskirche

Tourenüberblick

Tour												
1	●	Rund um den Ammersee	45 km	170 Hm	3.45 Std.	●	●		●	●	●
2	●	Rund um Geltendorf	41 km	210 Hm	3.30 Std.	●	●	●		●	●
3	●	Von Fürstenfeldbruck zum Ammersee	47 km	260 Hm	4 Std.	●	●		●	●	●
4	●	Von Dießen nach Norden	35 km	200 Hm	3 Std.	●	●		●	●	●
5	●	Vom Ammersee nach Andechs	34 km	290 Hm	3 Std.	●	●	●		●	●
6	●	Durch das Fünfseenland	39 km	320 Hm	3.30 Std.	●	●		●	●	●
7	●	Von Herrsching zum Wörthsee	27 km	200 Hm	2.15 Std.	●	●		●	●	●
8	●	Von Gauting ins Würmtal	29 km	150 Hm	2.30 Std.	●	●		●	●	●
9	●	Rund um den Starnberger See	48 km	100 Hm	4 Std.	●	●		●	●	●
10	●	Heiliger Berg und Badefreuden	40 km	410 Hm	3.45 Std.	●	●		●	●	●
11	●	Am Ostufer des Starnberger Sees	38 km	200 Hm	3.15 Std.	●	●		●	●	●
12	●	Rund um Seeshaupt	41 km	360 Hm	3.45 Std.	●	●		●	●	●
13	●	Rund um das Loisachtal	41 km	340 Hm	3.30 Std.	●	●	●		●	●
14	●	Im Süden der Osterseen	48 km	300 Hm	4.15 Std.	●	●	●		●	●
15	●	Durch das stille Oberbayern	49 km	460 Hm	4.30 Std.	●	●		●	●	●
16	●	Von Weilheim zum Staffelsee	45 km	230 Hm	3.45 Std.	●	●	●		●	●
17	●	Rund um das Tal der Ammer	37 km	100 Hm	3 Std.	●	●	●			●
18	●	Im Blauen Land	42 km	400 Hm	3.45 Std.	●	●	●		●	●
19	●	Rund ums Murnauer Moos	44 km	110 Hm	3.30 Std.	●	●	●		●	●
20	●	Rund um den Staffelsee	33 km	310 Hm	3 Std.	●	●		●	●	●
21	●	Von Schongau nach Steingaden	44 km	430 Hm	4 Std.	●	●	●		●	●
22	●	Durch die Berge zur Wieskirche	36 km	360 Hm	3.15 Std.	●	●		●	●	●
23	●	An den Ammerquellen	32 km	280 Hm	2.45 Std.	●	●		●		●
24	●	Seen und Berge bei Mittenwald	36 km	380 Hm	3.15 Std.	●	●		●	●	●
25	●	Rund um Benediktbeuern	30 km	50 Hm	2.15 Std.	●	●	●		●	●

Seen und Berge – Dörfer und Klöster

Im Südwesten von München haben die Gletscher der Eiszeit eine wundervolle Landschaft geformt, in der all die Schönheiten des oberbayerischen Alpenvorlandes wie in einem Brennglas fokussiert sind. Zahlreiche große und kleine Seen liegen in den Becken, die die Eiszeitgletscher hinterlassen haben. Der Naturfreund kann sich an den Rückzugsorten erfreuen, die an den Seeufern und in den Mooren seltenen Tier- und Pflanzenarten Schutz bieten. Und natürlich gibt es auch zahlreiche herrliche Badeplätze, an denen man an heißen Tagen willkommene Abkühlung findet. Von den Ufern der blau schimmernden Seen und von den Moränenhügeln, die die Gletscher aufgeschüttet haben, schweift der Blick dann immer wieder sehnsuchtsvoll zu den Alpengipfeln, die an Föhntagen zum Greifen nahe scheinen. Die von den Eiszeitgletschern rund um die Zugspitze tief ausgehobelten Täler öffnen uns auch dort einige Tourenmöglichkeiten, die uns imposante Nahblicke auf die Bergriesen gewähren.

Die Radwege sind bestens ausgeschildert (Tour 25).

Linke Seite: Zahlreiche schmale Sträßchen durchziehen den Pfaffenwinkel (Tour 18).

Ist die Landschaft im Alpenvorland für sich allein genommen schon berauschend schön, so erhält sie erst durch das Wirken der Menschen ihren unverwechselbaren Charakter. Schon Kelten und Römer haben hier ihre Spuren hinterlassen. Heute prägen die verstreut liegenden Bauernhöfe und die Zwiebeltürme der Kirchen das Bild dieser Region. Den Namen Pfaffenwinkel hat sich das Gebiet durch die vielen Klöster verdient, die schon seit über 1000 Jahren die Geschicke der Region bestimmen. Später lockte die Schönheit der Landschaft zahlreiche Künstler, deren Werke man in Museen bewundern kann. Das Radlerglück perfekt machen schließlich die vielen Biergärten, die an den Ufern der Seen sowie in den kleinen Dörfern und malerischen Städten zu ausgiebigen Pausen verführen. In der Region zwischen dem Fünfseenland und den Alpen findet man für jeden Geschmack zahlreiche Radtouren – man muss also nur noch losfahren.

Einführung

Die Tourenauswahl

Zwischen den Seen des Fünfseenlandes und den Bergen des Werdenfelser Landes führen die ausgewählten Touren durch den südwestlichen Teil Oberbayerns. Die Radrunden variieren in der Länge zwischen 30 und 50 Kilometern. Neben vollkommen flachen Rundwegen, wie jene durch die Moorlandschaften am Fuß der Alpen, stehen auch etwas anspruchsvollere Wege auf dem Programm. Allerdings sollte ein durchschnittlich trainierter Radler auf keiner der Touren Probleme bekommen. Und wenn man einmal außer Atem kommt, bieten unzählige Biergärten und Gasthöfe die Möglichkeit neue Kräfte zu tanken.

Schloss Seefeld spiegelt sich im Pilsensee (Touren 5, 6 und 7).

Ist einem ein Wegstück dann doch zu steil, sollte kein Zacken aus der Bikerkrone brechen, wenn man das Rad ein kurzes Stück schiebt. Auch holprige Passagen auf unbefestigten Wirtschaftswegen sind allesamt nur kurz und mit einem Trekkingrad oder einem E-Bike in der Regel problemlos zu befahren.

Grundsätzlich wurde bei der Tourenauswahl darauf geachtet, dass man auf möglichst verkehrsarmen oder gar verkehrsfreien Wegen unterwegs ist. Denn wer will sich schon auf viel befahrenen Straßen von Lastwagen und Autos an den Straßenrand drängen lassen? Radwege, die an stark frequentierten Straßen entlangführen, dienen, ebenso wie überschaubare Strecken auf mäßig befahrenen Nebenstraßen, nur als Verbindungsglieder. Und lediglich ganz kurz muss man auf einigen Ortsdurchfahrten etwas stärkeren Verkehr in Kauf nehmen.

Bei jeder Tour ist die Gesamtlänge in Kilometern angegeben. Die zu bewältigenden Höhenmeter beziehen sich auf den im Anstieg zu bezwingenden Höhenunterschied. Da alle Touren wieder am Ausgangspunkt enden, darf man sich also auf ebenso viele Abfahrts-Höhenmeter freuen. Die Zeitangabe gibt die reinen

Links: Im Glazialhügelland bei Fürstenfeldbruck (Tour 3)

Im Hügelland westlich des Ammersees (Tour 4)

Fahrzeiten bei gemächlichem Tempo wieder. Da alle Touren mit zahlreichen Zwischenstopps für Badepausen locken und es zudem viele kulturelle Sehenswürdigkeiten oder schön gelegene Biergärten gibt, dürften die meisten Runden ein tagesfüllendes Programm bieten.

In Seeshaupt an der Südspitze des Starnberger Sees (Tour 9)

Die Radwegbeschilderung wird von Jahr zu Jahr besser. Trotzdem fehlt so manches Mal an entscheidender Stelle ein Wegweiser oder ein »netter« Zeitgenosse hat das Schild in die falsche Richtung gedreht. Außerdem muss man gerade auf Touren, die abseits der viel befahrenen Verkehrswege verlaufen, oftmals auf unbeschilderte Wege ausweichen. Deshalb wurde besonderer Wert auf eine möglichst exakte Wegbeschreibung gelegt. Bei der Tourenauswahl steht die Landschaft im Mittelpunkt. Aber es wurde auch darauf geachtet, dass zahlreiche andere Sehenswürdigkeiten wie Städte, Klöster oder Kirchen für Abwechslung sorgen. Und auf jeder Rundtour lässt sich durch eine Stärkung in einem gemütlichen Gasthof oder in einem lauschigen Biergarten der Muskel-Akku wieder aufladen.

Anfahrt

Alle Touren beginnen an einem Bahnhof, wodurch man die Anfahrt grundsätzlich umweltfreundlich gestalten kann. Und bei allen beschriebenen Wegen handelt es sich um Rundtouren, die wieder zum Ausgangspunkt zurückführen. Dadurch kann man bei individueller Anreise ohne Problem zu seinem Fahrzeug zurückkehren. Da häufig an den Bahnhöfen nur eingeschränkte Parkmöglichkeiten zur Verfügung stehen, parkt man bei Anreise mit eigenem Fahrzeug oftmals besser entlang der Strecke. So kann man je nach persönlichem Bedarf zum Beispiel an einem Badesee oder an einem Biergarten in die Tour einsteigen und das Ende der Tour mit einem erfrischenden Bad oder einer gemütlichen Einkehr ausklingen lassen.

Die Anreise mit öffentlichen Verkehrsmitteln ist dank eines guten S- und Eisenbahnnetzes problemlos zu bewerkstelligen. Allerdings kann es an Wochenenden auch Mal zu Kapazitätsengpässen bei der Bahn kommen, was den Fahrradtransport betrifft. Eine Anzahl von Ausgangspunkten liegt noch im Münchner S-Bahnbereich. Die Bahnhauptlinien verlaufen von München aus in alle Himmelsrichtungen. Nebenlinien führen von Augsburg über Weilheim nach Schongau, von Murnau nach Oberammergau und von München am Starnberger See entlang nach Kochel.

In Stegen locken herrliche Biergärten (Touren 1 und 3).

Kartenempfehlung

Mit den Wegbeschreibungen und den Karten im Buch sollten die vorgestellten Touren problemlos zu befahren sein. Wer die Wege individuell verändern möchte, für den sind die ADFC-Regionalkarten im Maßstab 1:75 000 zu empfehlen. Fast das gesamte Tourengebiet wird dabei vom Blatt Bayerische Seen abgedeckt, nur für die Touren 2 und 3 benötigt man zusätzlich das Blatt Augsburg und Umgebung. Noch genauer sind die Umgebungskarten des Bayerischen Landesvermessungsamtes im Maßstab 1:50 000. Hier benötigt man für das Tourengebiet aber mehrere Kartenblätter.

Die malerische Wallfahrtskirche St. Andrä (Touren 15 und 16)

Rechte Seite unten: Am idyllisch gelegenen Streitberger Weiher (Tour 12)

Eine ausgezeichnete Möglichkeit, im Internet an Kartenmaterial zu kommen, ist der sogenannte BayernAtlas, der vom bayerischen Staat bereitgestellt wird (geoportal.bayern.de/bayernatlas). Er bietet sowohl Luftbilder als auch topografische Karten, die man sich problemlos für die jeweilige Tour ausdrucken kann.

Fahrrad und Ausrüstung

Moderne E-Bikes und Trekking- oder Mountainbikes sind für die beschriebenen Touren die ideale Wahl. Sie sind stabil genug für kurze Abschnitte auf holprigen Wirtschaftswegen und bieten einen bergtauglichen Übersetzungsbereich, mit dem auch ein etwas steilerer Anstieg bezwungen werden kann. Und dank guter Bremsen kann man steile Abfahrten angstfrei genießen. Jedes Rad sollte eine Klingel haben, um Fußgänger und andere Radler warnen zu können. So manchem Ärger kann vorgebeugt werden, wenn man vor der Tour den Reifendruck, die Bremsen und die Antriebseinheit inklusive Schaltung und Kette überprüft. Werkzeuge für kleinere Reparaturen gehören ebenso ins Gepäck wie ein stabiles Fahrradschloss, um eine Bade- oder Biergartenpause oder eine Besichtigung mit gutem Gefühl genießen zu können.

Beim Kauf von E-Bikes sollte man sich gut überlegen, wie viel man investieren will. Zu große Sparsamkeit kann später den Spaß an einer Radtour deutlich trüben. Je größer die Speicherkapazität der Batterie ist, desto weniger ist man auf die noch recht dünne Ladeinfrastruktur angewiesen. Und nur Markenräder bieten auf Touren die nötige Sicherheit, die vor Ärger oder gar Verletzungen schützt. Denn die recht schweren E-Bikes benötigen einen extrastabilen Rahmen und überdurchschnittlich kräftige Bremsen, um auf holprigen Wegen und steilen Abfahrten die nötige Sicherheit gewährleisten zu können.

Auf einsamen Wegen geht es nach Benediktbeuern (Tour 25).

Von Seeshaupt reicht der Blick bis nach Starnberg (Tour 9).

Im Fünfseenland

1 Rund um den Ammersee

Am drittgrößten See Oberbayerns

Mittel	45 km	170 m	3.45 Std.

Tourencharakter
Die ersten zwei Drittel der Runde sind fast steigungsfrei. Nach Stegen und nach Breitbrunn zwei längere Anstiege. Großteils verläuft die Tour auf gut ausgebauten Radwegen und Nebenstraßen.

Ausgangs-/Endpunkt
Herrsching, S-Bahnhof (S8)

GPS-Koordinaten
47.9981, 11.1707

Anfahrt
Bahn: Von München aus ist Herrsching mit der S8 zu erreichen. Auto: Von der A96 ist das südlich gelegene Herrsching auf verschiedenen Straßen zu erreichen.

Einkehr
In Aidenried, Fischen, Dießen, Riederau, Utting, Schondorf, Stegen, Inning, Breitbrunn und Herrsching

Badeplätze
Während der gesamten Tour zahlreiche Seebäder und Badestellen am Ammersee

Sehenswürdigkeiten
Dießen mit dem Marienmünster, die Seekapelle in Schondorf und die Seepromenade in Herrsching

Information
Touristinfo Herrsching, Tel. 08151/906040, starnbergammersee.de

Der Ammersee ist ein Kleinod für Naturfreunde und Erholungsuchende. Zahlreiche Badestellen und wunderbare Ausblicke sorgen für Abwechslung. Mit dem Rad lassen sich die vielen beschaulichen Winkel am Ammersee besonders gut erkunden.

Von Herrsching nach Dießen Vom Bahnhof Herrsching folgen wir der Straße Zum Landungssteg nach rechts bis zur Seestraße. Auf ihr fahren wir nach rechts und vor dem See nach links auf der Summerstraße zur Hauptstraße, der wir nach rechts folgen. Am Ortsende wechseln wir auf den Radweg und folgen ihm am

nahen Mühlfelder Schlösschen nach rechts. Meist entlang der Straße fahren wir nun über Wartaweil und vorbei an den Badeplätzen am Froschgartl-Kiosk und in Aidenried nach Fischen.
Im Dorf leiten uns die Radwegweiser nach rechts in einem kurzen Bogen durch ein Wohngebiet zur Dießener Straße. An ihr entlang fahren wir nach rechts zur Ammerbrücke, an der der Radweg endet. Wir radeln im Bogen unter der Brücke hindurch, treffen nach kurzer Fahrt auf eine Kiesstraße und folgen ihr an der Ammer entlang nach Süden. An der ersten Kreuzung biegen wir nach rechts zum artenreichen Naturschutzgebiet Alte Ammer ab. Ab hier können wir bis Eching am Ammersee durchwegs den Wegweisern des Ammer-Amper-Radweges (AAR) folgen. Das bald geteerte Sträßchen bringt uns geradewegs zum Ortsrand von Raisting.
Hier fahren wir an der Kreuzung nach rechts und nach wenigen Metern auf der Hauptstraße wieder nach rechts. Nach knapp zwei Kilometern treffen wir auf die Staatsstraße, die wir überqueren, wobei wir uns nach links halten. Ein Radweg bringt uns

Links: Verschnaufpause am Schiffsanleger in Stegen

Das prächtige Marienmünster in Dießen

nun zum nahen Ortsrand von Dießen. Vor der Bahnlinie biegen wir rechts in eine Nebenstraße ein, die uns an den Gleisen entlang zum Seeuferpark von Dießen führt. Wir radeln geradewegs in den Park und bald über ein schmales Brückchen. Rechts liegt der Landungssteg und links lässt sich durch eine Bahnunterführung ein Abstecher durch den hübschen Ort hinauf zum berühmten Marienmünster und zu zahlreichen Einkehrmöglichkeiten unternehmen.

Am Westufer nach Stegen Der Radweg führt uns jedoch weiterhin auf der Seeseite an der Bahnlinie entlang zum Dießener Ortsteil Sankt Alban. Kurz nach dem malerisch am Ammersee gelegenen Kirchlein knickt unser Weg nach links ab und biegt noch vor der Bahnlinie nach rechts ein. Vorbei am Strandbad und immer rechts der Gleise radeln wir über Riederau nach Holzhausen. An einer Kreuzung neben einer Bahnunterführung halten wir uns rechts. Im nahen Utting geht es dann kurz vor dem Bahnübergang den Radwegweisern folgend zum Dampfersteg hinab. Am Ufer halten wir uns links und biegen nach dem Strandbad scharf nach rechts ab. Vorbei am Gasthof Alte Villa führt uns der Uferweg am Ammersee entlang nach Schondorf.

Dort halten wir uns an zwei Weggabelungen rechts und fahren am Strandbad wieder nach rechts. Ein schmaler Kiesweg führt uns jetzt zum Ortsrand von Eching. Wir wechseln auf eine Teerstraße und folgen ihr geradewegs bis zu einem Kreisverkehr. Dort biegen wir rechts auf einen Radweg, der parallel zur Autobahn und zur Staatsstraße verläuft. Kurz nach der Amperbrücke biegen wir rechts zu den Biergärten und zum Dampfersteg von Stegen ab.

Über die Hügel nach Herrsching Wir radeln geradewegs an den Biergärten vorbei und biegen nach kurzer Fahrt den Radwegweisern nach Buch folgend rechts auf ein Sträßchen. Es führt uns an schönen Badeplätzen vorbei zu einer Kreuzung. Wir halten uns links und folgen einer schmalen

Teerstraße, die steil zu einem Querweg am Ortsrand von Inning hinaufführt. Hier folgen wir rechts den Wegweisern auf dem Kiesweg nach Buch.
Im Ort fahren wir auf der Hauptstraße nach rechts, wechseln an der nächsten Gabelung geradewegs in die Seestraße und biegen vor einer Kapelle links in die Breitbrunner Straße. Das bald für den allgemeinen Verkehr gesperrte Sträßchen führt uns geradewegs nach Breitbrunn. Wir überqueren schräg rechts die Hauptstraße und folgen dem Sträßchen Am Königsberg aufwärts. Vor der Kirche geht es nach links in die Jaudesbergstraße und an deren Ende nach rechts zu einer nahen Vorfahrtsstraße. Kurz fahren wir nach rechts abwärts und dann nach links in die schmale Ellwanger Straße, die zu Beginn etwas steiler aufwärts führt.
Die Steigung nimmt schon nach kurzer Fahrt ab und recht sanft radeln wir über einen bewaldeten Hügel in den Weiler Ellwang. Wir folgen dort der Querstraße nach rechts und fahren auf herrlichem Panoramasträßchen, das uns mit Blicken nach Andechs und zu den Alpen verwöhnt, nach Rausch. Im Rechtsbogen geht es um den Weiler und auf der steilen Straße hinab ins nahe Herrsching. Unterhalb der Fachhochschule wechseln wir geradewegs auf eine vorfahrtsberechtigte Straße. Nach 300 Metern überqueren wir die Hauptstraße und radeln auf dem Radweg nach links zum Ammerseeufer, das mit schönen Badeplätzen lockt. Unser Weg schwenkt nach kurzer Fahrt wieder hinauf zur Hauptstraße, der wir nach rechts folgen. Wenige Meter nach der Bahnlinie biegen wir schließlich rechts in die Ladestraße, die uns zum nahen Bahnhof Herrsching zurückbringt.

Schondorf

Über dem Dampfersteg in Schondorf ragt das Türmchen der romanischen Kirche St. Jakob auf. Sie ist eines der ältesten erhaltenen Gotteshäuser in weitem Umkreis. Der Name deutet darauf hin, dass das Kirchlein an einem Pilgerweg lag. So mag es nicht verwundern, dass sich unter dem hoch aufragenden Giebel im Mittelalter eine Pilgerunterkunft befand.

Die Tour kann oftmals mithilfe der Linienschiffe verkürzt werden.

2 Rund um Geltendorf

Moränenlandschaft am Ammersee

Mittel | 41 km | 210 m | 3.30 Std.

Tourencharakter
Die Tour verläuft größtenteils auf geteerten Nebenstraßen und auf teils unbefestigten Wirtschaftswegen. Die Anstiege sind nur bei Utting und Eresing etwas anstrengender.

Ausgangs-/Endpunkt
Geltendorf, Bahnhof

GPS-Koordinaten
48.1062, 11.0377

Anfahrt
Bahn: In Geltendorf kreuzen sich die Bahnlinien von München nach Lindau und von Augsburg nach Schongau; von München aus ist Geltendorf mit der S4 zu erreichen. Auto: Geltendorf ist von der A96 über die Ausfahrt Schöffelding bzw. Windach zu erreichen.

Einkehr
In Geltendorf, St. Ottilien, Eching, Schondorf, Utting, Windach, Eresing und Kaltenberg

Badeplätze
Am Ammersee zwischen Eching und Utting

Sehenswürdigkeiten
Kloster St. Ottilien, Viereckschanze bei Utting und Schloss Kaltenberg

Information
Tourismusverband Ammersee-Lech, Tel. 08191/9700377, ammersee-lech.de

Diese abwechslungsreiche Radrunde führt uns im Auf und Ab durch die Moränenlandschaft, die der eiszeitliche Ammerseegletscher hinterlassen hat. Am Weg liegen die Reichsabtei St. Ottilien, die Badeplätze am Ammersee und Schloss Kaltenberg.

Zum Ammersee Vom Bahnhof in Geltendorf folgen wir der Straße Am Bahnhof an den Gleisen entlang Richtung Osten. Nach kurzer Fahrt geht es nach rechts durch beide Bahnunterführungen und dann auf einem Alleeweg geradewegs zum Kloster St. Ottilien. Wer einen kurzen Abstecher zum Zentrum des Klosters und zur mächtigen Kirche der Erzabtei machen möchte, der hält sich rechts und biegt nach kurzer Strecke vor dem Emminger Hof nach links ab. Das benediktinische Missionskloster St. Ottilien entstand ab dem Jahr 1886. Sehenswert sind die neugotische

Abteikirche und das Missionsmuseum mit seinen ethnologischen Sammlungen.
Unser Weiterweg führt jedoch auf dem Sträßchen vor dem Klostergelände nach links. Nach der Eisenbahnbrücke fahren wir nach rechts, aufwärts ins nahe Pflaumdorf und geradewegs durch das Dörfchen. Wir radeln in sanftem Auf und Ab zu einer viel befahrenen Straße, die wir überqueren. Jenseits geht es auf einem schmalen, aussichtsreichen Sträßchen immer geradeaus und schließlich abwärts nach Eching. Hier biegen wir nach rechts in die Kirchstraße ein und wechseln nach der Kirche im Links-rechts-Knick auf die Straße Am Anger. Nach kurzer Fahrt treffen wir auf die vorfahrtsberechtigte Zankenhauser Straße und folgen ihr nach rechts zum Ortsrand. Wir radeln geradewegs über den Kreisverkehr in die Kaagangerstraße, die uns direkt zum südlichen Ortsrand von Eching bringt.

Das romanische Jakobskirchlein in Schondorf

Ganz oben: Die neugotische Klosterkirche überragt St. Ottilien.

Am Ammersee Wir folgen nun bis Utting dem mit AAR ausgeschilderten Ammer-Amper-Radweg. Auf schmalem Kiesweg geht es durch den Wald nach Schondorf und dort mehrmals nach links Richtung Seeufer. Auf der Seestraße radeln wir dann am Dampfersteg vorbei, über dem das Türmchen der romanischen

Kirche St. Jakob aufragt, durch Schondorf nach Süden. Wir halten uns so nahe wie möglich am Ammersee, passieren bald den schattigen Biergarten des Gasthofs Alte Villa und erreichen kurz darauf das Strandbad von Utting. Dort geht es links zum Seeufer hinab und dann den Radwegweisern folgend rechts aufwärts zur

Die prächtige Barockkirche von Eresing

Rechts: Am Dampfersteg von Schondorf

Teerstraße. Auf ihr radeln wir nach rechts über die Gleise und nach dem Bahnübergang rechts in die Maria-Theresia-Straße. An ihrem Ende folgen wir der Straße Im Gries nach links, radeln am Dorfbrunnen vorbei und mühen uns anschließend rechts den steilen Seefelderhofberg hoch zur Hauptstraße.

Keltenschanze und Barockkirche Wir folgen der verkehrsreichen Straße nur kurz nach links und biegen dann nach rechts in die Entrachinger Straße ab. Nach wenigen Metern fahren wir rechts in die Achselschwanger Straße und über die Felder aufwärts. Nach dem ersten Anstieg ignorieren wir einen rechts abzweigenden, betonierten Wirtschaftsweg und biegen 250 Meter weiter rechts auf einen Kiesweg ein. An der nächsten Kreuzung halten wir uns links und erreichen nach einem Anstieg die herrlich gelegene keltische Viereckschanze, deren mächtige Erdwälle sich noch deutlich im Gelände abzeichnen. Diese Anlagen entstanden während der Latènezeit in den letzten vorchristlichen Jahrhunderten und waren wohl befestigte keltische Gutshöfe.
Der Weg führt nach kurzer Fahrt rechts zu einem Querweg, auf

dem wir links nach Achselschwang radeln. Hier fahren wir auf schmaler Teerstraße zur Landstraße, wenige Meter nach rechts und dann nach links in die Nebenstraße, die uns über den Weiler Steinebach nach Windach führt. Wir radeln geradewegs über einen Kreisverkehr, lassen die Räder auf der Hechenwanger Straße

Die mächtige Reichsabtei St. Ottilien

zur Windach hinabrollen und erreichen in der Ortsmitte eine Kreuzung. Nach rechts geht es am Rathaus vorbei und dann halten wir uns rechts, um auf der Münchner Straße zum Ortsrand zu gelangen. Geradewegs fahren wir über die A96 und nach der Autobahn nach rechts. Nach 100 Metern radeln wir vorsichtig über die breite Straße auf eine schmale Teerstraße, die uns geradewegs auf die Felder südlich der Erzabtei St. Ottilien führt. Nach eineinhalb Kilometern halten wir uns an einer Kreuzung links und folgen der Teerstraße geradeaus bis zu einer Kreuzung an der Kirche im Ortszentrum von Eresing. Das im Kern gotische Gotteshaus von Eresing erfuhr im 18. Jahrhundert seine prächtige Umgestaltung, an der herausragende Künstler wie Dominikus Zimmermann beteiligt waren.

Zum Wittelsbacherschloss Wir radeln an der Kirche vorbei zur Ortsdurchfahrt, fahren auf ihr kurz nach rechts und biegen dann links in die Ramsacher Straße. Im Wald folgen wir nach einem Anstieg an einer Gabelung geradewegs dem nach Landsberg ausgeschilderten Teersträßchen. Kurz darauf erreichen wir Felder,

Linke Seite: Aus einer mittelalterlichen Burg entstand Schloss Kaltenberg.

die wir überqueren. 150 Meter bevor der Weg wieder in den Wald führt, biegen wir an einer Feldwegkreuzung nach rechts ab. Wir radeln nun auf dem schmalen Teersträßchen geradewegs nach Norden. Kurz vor Schwabhausen an der Kreuzung vor der Bahnlinie geht es rechts zur Kreisstraße, die überquert wird. Wir folgen dem Radweg nach links und wechseln nach der Bahnbrücke die Straßenseite. Der Radweg bringt uns zu einer Kreuzung in Schwabhausen. Hier radeln wir über die Vorfahrtsstraße in die Dorfstraße. An der Kreuzung am Ortsrand fahren wir geradewegs über die Hauptstraße in die schmale Jedelstettner Straße, die uns nach Jedelstetten bringt. Dort biegen wir nach rechts in eine schmale Teerstraße ab und radeln zur viel befahrenen Kreisstraße. Auf dem Radweg geht es kurz nach rechts und an seinem Ende über die Hauptstraße in die nach Kaltenberg ausgeschilderte Nebenstraße. Nun fahren wir immer geradeaus bis vor das Schloss Kaltenberg.

Wir biegen nach rechts ab und fahren an der großen Ritterspielarena vorbei zu einer Gabelung. Auf der schmalen Prinz-Heinrich-Straße geht es links abwärts zu einer Vorfahrtsstraße. Nach wenigen Metern biegen wir links in die Von-Willibald-Straße ein und radeln nach der Bahnlinie rechts in die Lindenstraße. Nach 700 Metern fahren wir geradewegs über die Landstraße und auf dem Kiesweg an der Bahnlinie entlang zu einer schmalen Teerstraße. Wenige Meter geht es nach links und dann nach rechts auf einen Wirtschaftsweg. Wir radeln auf dem Hauptweg durch den Wald und stoßen am Ortsrand von Geltendorf auf die Bahnhofstraße. Auf ihr fahren wir nach rechts und vor der Bahnlinie nach links zum nahen Bahnhof in Geltendorf.

Kaltenberg

Die im 13. Jahrhundert erbaute Burg wurde Mitte des 19. Jahrhunderts zum Schloss umgebaut. Im Schloss sind ein Teil der König Ludwig Schlossbrauerei und das beliebte Schloss-Bräustüberl untergebracht. Bekannt ist Kaltenberg vor allem für die Ritterspiele, die alljährlich an den Juliwochenenden in der großen Arena stattfinden, und für den dazugehörigen Mittelaltermarkt.

Das Schloss-Bräustüberl in Kaltenberg

3 Von Fürstenfeldbruck zum Ammersee

Rund ums Ampertal

Mittel | 47 km | 260 m | 4 Std.

Tourencharakter
Die Tour verläuft auf verkehrsarmen Nebenstraßen und teils auf unbefestigten Wirtschaftswegen. Nur bei Schöngeising und Grafrath sind etwas längere Anstiege zu überwinden.

Ausgangs-/Endpunkt
Fürstenfeldbruck, Bahnhof

GPS-Koordinaten
48.1722, 11.2624

Anfahrt
Bahn: Fürstenfeldbruck liegt an der Münchner S-Bahnlinie 4 und an der Bahnlinie von München in das Allgäu. Auto: Fürstenfeldbruck liegt an der B471, die von der Anschlussstelle Dachau/Fürstenfeldbruck an der A8 zur Anschlussstelle Inning an der A96 führt.

Einkehr
In Schöngeising, Inning, Stegen, Eching, Kottgeisering, Landsberied und Fürstenfeldbruck

Badeplätze
An der Amper bei Schöngeising und am Ammersee bei Stegen

Sehenswürdigkeiten
Die Kirchen am Weg, das Kloster Fürstenfeld und das Museum im Jexhof

Information
Infopoint im Rathaus Fürstenfeldbruck, Tel. 08141/2813334, fuerstenfeldbruck.de

Das malerische Ampertal und stille Moränenhügel bilden die Rahmenbedingungen für diese Tour. Sie führt uns zu einigen bemerkenswerten Wallfahrts- und Klosterkirchen, und schöne Biergärten und Badeplätze sorgen für Erfrischung.

Durchs Ampertal zum Ammersee Vor dem Bahnhof von Fürstenfeldbruck fahren wir nach links zur breiten Hauptstraße hinab. Auf dem Radweg geht es nach links und vor dem nahen Klostergelände von Fürstenfeld auf dem Ammer-Amper-Radweg wiederum nach links. Vorbei an der Klosterkirche und am Klosterstüberl gelangen wir zu einer Querstraße. Auf ihr fahren wir nach links und nach der Bahnlinie nach rechts in eine Nebenstraße. Nun geht es immer geradeaus, bis wir kurz nach dem Zellhof auf eine Querstraße treffen, auf der wir kurz nach rechts

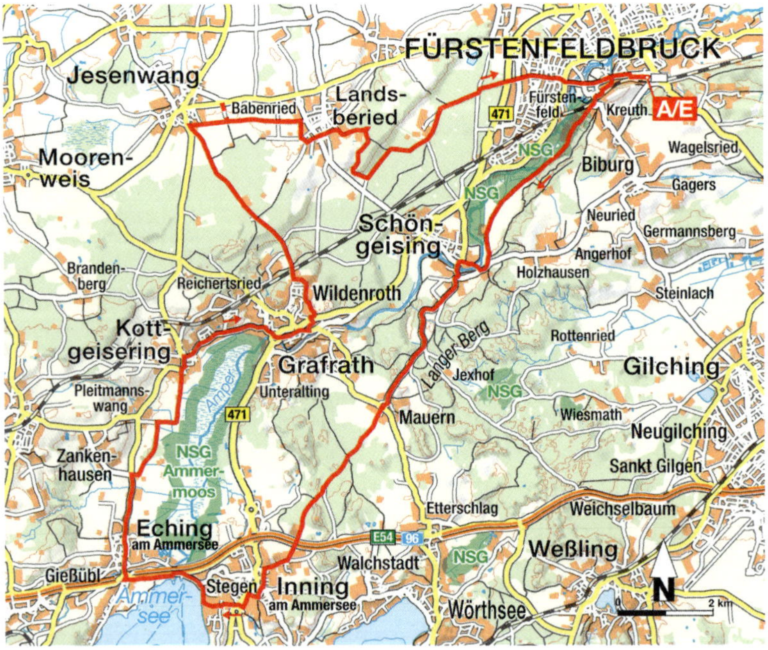

und dann wieder nach rechts über zwei schmale Brücken nach Schöngeising fahren.
Unser Weg führt uns an der Kirche vorbei zu einer Vorfahrtsstraße, der wir links über die Amper folgen. Auf der Vorfahrtsstraße und ab dem Abzweig zum nahen Bauernhofmuseum Jexhof geht es auf einem Radweg hinauf nach Mauern. Im Dorf fahren wir auf der Vorfahrtsstraße nach rechts und nach wenigen Metern biegen wir links in den Inninger Weg ein. Jetzt geht es auf Forstwegen immer geradewegs im Auf und Ab durch den Wald. Kurz vor Inning überqueren wir eine Straße und radeln unter der A96 hindurch und geradeaus zu einer Querstraße. Rechts abwärts führt sie direkt nach Inning hinein. Wir biegen nach einer Abfahrt am Ortsrand von Inning bei erster

In der Nähe von Jesenwang steht die bemerkenswerte Willibaldskirche.

Oben links: Die imposante Barockfassade der Kirche von Kloster Fürstenfeld

Oben rechts: In Schöngeising führt uns der Weg an der Barockkirche vorbei.

Gelegenheit links in die Sportstraße ein, der wir bis zu ihrem Ende folgen. Wenige Meter fahren wir nach rechts und dann nach links auf dem Enzenhofer Weg zur Leitenstraße, auf der wir nach rechts radeln. Wenige Meter vor der Landstraße biegen wir links in einen Kiesweg ein, der am Inninger Bach entlangführt. An der Kreuzung kurz nach einem Teich geht es nach rechts zur Landstraße, die geradewegs überquert wird. Wir radeln am Schulzentrum vorbei aufwärts und biegen dann rechts in eine schmale Teerstraße ein, die uns zum Ammersee hinabführt. Am Ufer fahren wir nach rechts zur Teerstraße und auf ihr nach links an den Biergärten vorbei durch Stegen.

Kirchenpracht am Rückweg Wir folgen geradeaus den Radwegweisern auf einen Radweg, der uns nahe der A96 über die Amper und dann zu einem Kreisverkehr am Ortsrand von Eching bringt. Wir radeln nach rechts durch den Ort und erreichen einen Kilometer nach dem Ortsende eine Kreuzung, an der wir den Radwegweisern nach rechts auf einen Feldweg folgen. Nach wenigen Metern geht es nach links, am nächsten Querweg nach rechts und im Bogen zur Vorfahrtsstraße in Kottgeisering. Auf ihr fahren wir nach rechts zum Kreisverkehr in Grafrath. Rechts führt ein kurzer Abstecher zur Wallfahrtskirche St. Rasso. Der Ursprung der Kirche reicht bis ins frühe Mittelalter. In der Kirche findet man das Grab des Stifters, der hier auf einer Amperinsel Kirche und Kloster gründete. Die Gebeine des verehrten Gründers sind seit dem barocken Kirchenneubau in einem Glasschrein am Hochaltar zu sehen. Wir radeln jedoch geradewegs über den Kreisverkehr in die Hauptstraße und wechseln nach 500 Metern geradewegs

Kloster Fürstenfeld

1256 ließ Bayernherzog Ludwig der Strenge das Kloster als Sühne dafür erbauen, dass er seine Frau hatte hinrichten lassen. Was wir heute bestaunen können, ist ein barocker Klosterneubau, in dessen Zentrum die Klosterkirche steht. Der weite, lichtdurchflutete Kirchenraum besticht durch seine prächtige Ausstattung, für die vor allem die Gebrüder Asam verantwortlich sind.

Die Klosterkirche Fürstenfeld begeistert mit prächtiger Barockkunst.

auf eine Vorfahrtsstraße. Auf ihr geht es abwärts zu einer Kreuzung und nach links in die Schlossbergstraße. Ein kurzes Stück führt sie steil aufwärts und danach gelangen wir unter der B471 hindurch zu einer Querstraße. Auf ihr fahren wir nach rechts aufwärts und bald geht es auf einem Kiesweg durch die sanft gewellte Landschaft. Wir radeln geradeaus, bis unser Weg nach links abknickt und an einer Querstraße endet. Auf ihr geht es nach rechts, unter der Bahnlinie hindurch und geradewegs nach Jesenwang. Vor den ersten Häusern biegen wir nach rechts ab und radeln geradeaus Richtung Landsberied. Nach 700 Metern erreichen wir eine Kreuzung, an der wir nach links einen Abstecher zur Wallfahrtskirche St. Willibald unternehmen. Die im 15. Jahrhundert erbaute Kirche besitzt die größte bemalte Holzbalkendecke Altbayerns. Einmalig ist der sogenannte Willibaldsritt, eine seit 1712 am Sonntag um den 7. Juli stattfindende Pferdewallfahrt, bei der durch die Kirche geritten wird.

Die Biergärten in Stegen liegen direkt am Ammerseeufer.

Zum Kloster Fürstenfeld Von St. Willibald radeln wir zurück zur Wegkreuzung und dann nach links in das nahe Landsberied. Noch vor den ersten Häusern biegen wir rechts ab und halten uns nach dem Dorfwirt links. Nach wenigen Metern geht es nach rechts zur Grünbergstraße und auf ihr nach links zur Hauptstraße, die überquert wird. Wir folgen der Radwegbeschilderung »nahTourBand«, die uns auf der Schlossbergstraße zum Waldrand führt. Hier radeln wir geradewegs auf einen Forstweg, an der nächsten Kreuzung scharf nach rechts und dann an der Weggabelung vor einem Wasserturm wieder nach rechts.

Wir treffen im Wald auf einen breiten Querweg, auf dem wir nach links Richtung Fürstenfeldbruck fahren. Nach den Wiesen von Rothschwaig radeln wir an einer Wegkreuzung geradeaus. Wir folgen nun immer den Radwegweisern. Der Forstweg geht schließlich in eine Teerstraße über, die uns über die B471 führt. Jetzt radeln wir stets geradeaus, vorbei am Kloster Fürstenfeld, und kommen so zurück zum Bahnhof von Fürstenfeldbruck.

4 Von Dießen nach Norden

Am Westufer des Ammersees

Mittel | 35 km | 200 m | 3 Std.

Tourencharakter
Anfangs flache Uferwege, dann in ständigem Auf und Ab durch das Hügelland. Ein längerer, aber nicht allzu steiler Anstieg ist nach Utting zu überwinden. Die Tour verläuft meist auf geteerten Straßen, längere Abschnitte auch auf unbefestigten Wirtschaftswegen.

Ausgangs-/Endpunkt
Dießen, Bahnhof

GPS-Koordinaten
47.9505, 11.1076

Anfahrt
Bahn: Dießen liegt an der Bahnstrecke, die von Augsburg über Weilheim nach Schongau verläuft. Auto: Dießen ist von der A96 über die Ausfahrt Greifenberg und die St2055 zu erreichen.

Einkehr
In Dießen St. Alban, Riederau, Utting, Oberfinning und Dießen

Badeplätze
In Dießen St. Alban, Riederau, Holzhausen, Utting und am Windachspeicher

Sehenswürdigkeiten
Viereckschanze Utting, Marienmünster in Dießen

Information
Touristinfo Dießen, Tel. 08151/906010, starnbergammersee.de

Wir radeln zunächst am Ufer des Ammersees entlang, der uns mit schönen Badestellen lockt. Vorbei an einer keltischen Viereckschanze geht es dann durchs Hügelland zurück nach Dießen, wo wir im Marienmünster den »Dießener Himmel« bestaunen können.

Am See entlang nach Utting Vor dem Bahnhof Dießen wenden wir uns nach rechts und radeln über den großen Parkplatz. Nach kurzer Fahrt geht es nach rechts über die Gleise und dann an der Bahnlinie entlang nach links zum Dießener Ortsteil Sankt Alban. Kurz nach dem malerisch am Ammersee gelegenen Kirchlein knickt unser Weg nach links ab und biegt noch vor der Bahnlinie nach rechts ein. Vorbei am Strandbad und immer rechts der Gleise radeln wir über Riederau nach Holzhausen. An einer Kreuzung neben einer Bahnunterführung halten wir uns rechts. Im nahen Utting überqueren wir die Bahnlinie und biegen dann rechts in die Maria-Theresia-Straße ein. An ihrem Ende geht es auf der Straße Im Gries nach links. Wir fahren am Dorfbrunnen vorbei und biegen anschließend auf dem Seefelderhofberg nach rechts ab. Nun geht es kurz steil aufwärts und bald haben wir die viel befahrene Hauptstraße erreicht.

Zum Windachspeicher Wir folgen der Hauptstraße kurz nach links und biegen vor der Leonhardskirche rechts in die Entrachinger Straße ein. Nach wenigen Metern geht es nach rechts in die Achselschwanger Straße und über die Felder aufwärts. Nach dem ersten Anstieg ignorieren wir einen rechts abzweigenden, betonierten Wirtschaftsweg und biegen 250 Meter weiter nach rechts auf einen Kiesweg. An der nächsten Kreuzung radeln wir nach links und es geht aufwärts zur herrlich gelegenen keltischen Viereckschanze. Nach neuestem Forschungsstand handelt es sich bei diesen in den letzten vorchristlichen Jahrhunderten errichteten Wallanlagen um die Befestigungsanlagen keltischer Gutshöfe.

Der Wirtschaftsweg knickt kurz danach rechts zu einem Querweg ab, auf dem wir nach links nach Achselschwang radeln. Auf dem Quersträßchen fahren wir nach links und an der nächsten Kreuzung den Radwegweisern folgend nach rechts. An der nächsten Gabelung geht es nach links und auf dem Hauptweg geradeaus, bis wir uns nach einem etwas holprigen Waldstück an einer Kreuzung rechts halten. Nun gelangen wir zu einer Vorfahrtsstraße, auf der wir kurz nach rechts und dann geradewegs nach Oberfinning fahren. Im Dorf radeln wir auf der vorfahrtsberechtigten Mühlstraße nach rechts zur Hauptstraße, die uns nach links zur Mariensäule im nahen Ortszentrum von Oberfinning bringt. Hier fahren wir auf der Stauseestraße geradewegs zum Ortsrand und dann unter dem Kreisverkehr an der Landstraße hindurch zur Nebenstraße, der wir geradewegs folgen. Nach einem Kilometer geht es an einer Gabelung nach rechts und nach 400 Metern geradeaus zur Schranke vor dem Windachspeicher. Bei Badebetrieb im Sommer sollte man ab hier die Räder schieben. Geradewegs geht es zum nahen Stausee und über die Dammkrone hinüber zur Windachsee-Alm.

Bei Utting passieren wir eine keltische Viereckschanze.

Ganz oben: Am Ende der Tour radeln wir durch das verträumte Dörfchen Wengen.

Durchs Hügelland nach Dießen Wir radeln geradeaus zur Hauptstraße und folgen ihr nach rechts. Nach eineinhalb Kilometern biegen wir nach einer kurzen Abfahrt links nach

Unterbeuern ab. Auf schmalem Sträßchen gelangen wir in den Weiler und folgen dort den Radwegweisern rechts abwärts. Nach dem Beuerbach geht es auf einem Quersträßchen links Richtung Dießen. Nach 400 Metern halten wir uns an einer Gabelung vor Oberbeuern rechts. Kurz vor Dettenhofen treffen wir auf eine Querstraße, der wir links abwärts zu einer nahen Kreuzung vor dem Beuerbach folgen.

Wir biegen rechts auf einen Kiesweg ein und folgen dem Bach zur Landstraße. Wenige Meter fahren wir nach links und hinter der Brücke nach rechts auf den Wirtschaftsweg. Nach einem Kilometer radeln wir an der Gabelung, die auf ein Brückchen folgt, auf dem Teersträßchen nach rechts und nach einem kurzen Anstieg geradeaus auf eine unbefestigte Forststraße. Sie führt uns geradewegs durch den Wald zur schmalen Landstraße, auf der wir nach rechts fahren. Nach 300 Metern biegen wir links in ein Teersträßchen ein, das abwärts zu einer Vorfahrtsstraße läuft. Auf ihr fahren wir nach rechts und über die Wiesen abwärts in das Dörfchen Wengen. Geradewegs geht es auf der Vor-

Anfangs führt die Tour am Ammersee entlang.

fahrtsstraße durch den beschaulichen Ortsteil von Dießen und abwärts in den Ortsteil St. Georg. Unterhalb der Kirche knickt die Hauptstraße nach links ab und wenige Meter weiter biegen wir rechts in das Sträßchen Am Kirchsteig ein. Wir treffen auf eine vorfahrtsberechtigte Querstraße, die uns nach links zur nahen Klosterkirche von Dießen bringt. Durch einen Torturm links des Gotteshauses erreichen wir die Hauptstraße und lassen die Räder zu einer Kreuzung im Ortszentrum von Dießen hinabrollen. Hier fahren wir geradeaus über die Hauptstraße und gelangen auf der verkehrsberuhigten Mühlstraße abwärts zu einem Platz. Links geht es am Unterbräu vorbei schließlich zurück zum nahen Bahnhof von Dießen.

Zum Schluss der Runde lohnt ein Blick ins prächtige Marienmünster.

Marienmünster Dießen

Die ehemalige Klosterkirche in Dießen wurde von 1732 bis 1739 von Johann Michael Fischer erbaut und gilt als Perle der bayerischen Barockkunst. Berühmt sind die Deckenfresken von Johann Georg Bergmüller. Jenes in der Kuppel über dem Altarraum wird Dießener Himmel genannt. Wer genau schaut, der entdeckt ein Selbstporträt des Künstlers mit Arbeitskittel und blauer Malermütze.

5 Vom Ammersee nach Andechs

Der Heilige Berg im Land der Seen

Mittel | 34 km | 290 m | 3 Std.

Tourencharakter
In beständigem, meist recht sanftem Auf und Ab geht es durch das Fünfseenland. Etwas anstrengendere Anstiege sind in Hechendorf und bei Steinebach zu meistern. Die Tour verläuft teils auf geteerten Nebenstraßen, teils auf unbefestigten Rad- und Wirtschaftswegen.

Ausgangs-/Endpunkt
Herrsching, S-Bahnhof

GPS-Koordinaten
47.9981, 11.1707

Anfahrt
Bahn: Von München aus ist Herrsching mit der S8 zu erreichen. Auto: Von der A96 ist das südlich gelegene Herrsching auf verschiedenen Straßen zu erreichen.

Einkehr
In Hechendorf, Steinebach, Weßling, Unering, Drößling, Frieding, Andechs und Herrsching

Badeplätze
Am Pilsensee, Weßlinger See und Ammersee

Sehenswürdigkeiten
Kloster Andechs und Herrsching

Information
Touristinfo Herrsching, Tel. 08151/906040, starnbergammersee.de

Diese Runde führt uns zu vier der fünf Seen, denen das Fünfseenland seinen Namen verdankt. Vorbei an Pilsensee, Wörthsee und Weßlinger See radeln wir zum Kloster Andechs auf dem »Heiligen Berg«. Hier trennt uns nur noch eine Abfahrt vom Ammersee.

Durchs Seenland nach Weßling Vor dem Bahnhof Herrsching radeln wir nach links und wechseln von der Vorfahrtsstraße geradewegs auf die Ladestraße. Sie führt uns zu einer Vorfahrtsstraße, auf der wir wenige Meter nach links radeln. Vor dem Bahnübergang biegen wir rechts auf einen Radweg ab, der uns an der Bahnstrecke entlang nach Hechendorf führt. Nach dem Strandbad Pilsensee fahren wir an der Kreuzung nach links, unter der Bahnlinie hindurch und steil aufwärts in den Ort. Wir biegen rechts auf die Hauptstraße ein, die an der breiten Inninger Straße endet. Auf ihr geht es wenige Meter nach links, dann rechts in die Günteringer Straße und nach 350 Metern links in den Steinebacher Weg. An der folgenden Gabelung biegen wir rechts auf einen Wirtschaftsweg ein, der uns geradewegs zum Ortsrand von Steinebach bringt. Geradeaus führt ein Abstecher hinab zum Wörthsee. Wir biegen aber rechts in die Kiebitzstraße ein und radeln an deren Ende links zur nahen Auinger Straße, der wir nach rechts folgen. Auf ihr halten wir uns links und gelangen so über die Landstraße und auf der Bahnhofstraße am S-Bahnhof Steinebach vorbei zur Weßlinger Straße.
Auf ihr fahren wir rechts aufwärts und halten uns nach 400 Metern rechts, um die Bahngleise zu überqueren. Nach der Brücke geht es auf der Kiesstraße nach links kurz steil aufwärts und geradewegs durch den Wald, bis wir an einer Gabelung dem Radwegweiser Richtung Weßling nach links auf die Felder folgen. Neben der Bahnlinie hilft eine Brücke über die neue Umgehungsstraße. Bald fahren wir geradeaus durch Weßling bis vor eine Unterführung, an der wir nach links abbiegen. Parallel zur Landstraße geht es nun bis zu einer Fußgängerampel im Ort.

Wir überqueren hier die Straße und radeln auf dem Uferweg zum nahen Weßlinger See. Das Seebecken bildete sich am Ende der letzten Eiszeit, als ein vom Gletscher abgetrennter und von Geröll bedeckter Eiskörper langsam abschmolz und eine sogenannte Toteismulde hinterließ.

Im Herbst kehrt am Weßlinger See Ruhe ein.

Ganz oben: Wie eine kleine Stadt wirkt der Klosterberg von Andechs.

Durchs Hügelland zum Kloster Andechs

Wir radeln geradewegs am See vorbei, dann auf dem Steinebacher Weg rechts aufwärts und neben der Kirche links in die Straße Am Kreuzberg. Sie knickt bald nach links ab und führt uns zu einer Kreuzung, an der wir nach links der Straße Am Karpfwinkel folgen. Nach 400 Metern biegen wir rechts in die Ettenhofer Straße ein. Sie führt uns geradewegs zum Gutshof Ettenhofen. 200 Meter nach dem Hof biegen wir links auf einen Wirtschaftsweg ein, der uns über den Hügelkamm des Klausbühl geradewegs nach Hochstadt führt. Dort treffen wir auf die vorfahrtsberechtigte Weßlinger Straße, auf die wir rechts einbiegen. Auf der wenig befahrenen Straße radeln wir durch ein sanft ansteigendes Tal nach Unering. Am malerischen Dorfweiher vorbei fahren wir auf der Hauptstraße in den Ort und biegen an der Kreuzung unterhalb des Kirchleins rechts in die nach Drößling ausgeschilderte Nebenstraße ein. Sie führt uns über einen Hügel nach Drößling. Wir wechseln im Ort geradewegs auf eine Vorfahrtsstraße und schon nach 50 Metern fahren wir wieder geradeaus auf eine Nebenstraße, die uns nach Frieding führt. Wir radeln auf der Vorfahrtsstraße durch das Dorf und folgen neben der Kirche der nach rechts abknickenden Hauptstraße nach Widdersberg. Im Dorf biegen wir noch vor der Kirche links in eine nach Andechs ausgeschilderte Nebenstraße ein, die uns über eine aussichtsreiche Hügelkuppe zu einer Kreuzung bringt. Wir überqueren geradewegs die Vorfahrtsstraße und radeln durch Wald und über Wiesen sanft bergauf. Bald erhebt sich vor dem Alpenbogen der »Heilige Berg Oberbayerns«, der vom Kloster Andechs gekrönt wird. Schnell ist der Bergfuß erreicht und man kann die Räder zur Klosterwirtschaft und zur Klosterkirche hinaufschieben.

Kloster Andechs

Das Kloster auf dem »Heiligen Berg« ist einer der wichtigsten Wallfahrtsorte in Bayern. Die Klosterkirche zählt zu den schönsten Rokoko-Kirchen in Bayern. In der heiligen Kapelle werden die wertvollen mittelalterlichen Reliquien und weitere bedeutende Kunstwerke aufbewahrt. Einen Besuch in der altehrwürdigen Klosterschänke sollte man auf jeden Fall einplanen.

Abwärts zum Ammersee Zurück vom Klosterberg radeln

wir nach rechts auf der Hauptstraße durch das Dorf Erling. Nach 500 Metern biegen wir rechts in die Kientalstraße ein. Bald geht es rechts des Kienbaches talwärts und am Ortsrand setzt der Teerbelag aus. Durch das schattige, wildromantische Kiental lassen wir jetzt die Räder nach Herrsching hinabrollen. Im Ort wechseln wir von der Kientalstraße geradewegs auf die Andechser Straße. Kurz vor ihrem Ende radeln wir nach links auf der Abertstraße zur viel befahrenen Mühlfelder Straße und auf ihr wenige Meter nach rechts. Wir biegen links in die Fischergasse ein, die an einer breiten Straße endet. Nach links geht es zum nahen Ammersee, nach rechts zum Bahnhof Herrsching.

Auf schmalen Straßen radeln wir zum Kloster Andechs.

Das Dorf Weßling spiegelt sich im gleichnamigen See.

6 Durch das Fünfseenland

Seen, Hügel, Wälder

Mittel	39 km	320 m	3.30 Std.

Tourencharakter
Die Route verläuft größtenteils auf verkehrsfreien Wirtschaftswegen, auf kürzeren Abschnitten auch auf verkehrsarmen Nebenstraßen. Nur in den Ortschaften muss man mit schwachem bis mäßigem Verkehr rechnen. Die zahlreichen Steigungen sind großteils nicht allzu lang und anstrengend.

Ausgangs-/Endpunkt
Herrsching, S-Bahnhof

GPS-Koordinaten
47.9981, 11.1707

Anfahrt
Bahn: Von München aus ist Herrsching mit der S8 zu erreichen. Auto: Von der A96 ist das südlich gelegene Herrsching auf verschiedenen Straßen zu erreichen.

Einkehr
In Hechendorf, Steinebach, Weßling, am Jexhof, in Inning, Breitbrunn und Herrsching

Badeplätze
Am Pilsensee, Weßlinger See und Ammersee

Sehenswürdigkeiten
Einige barocke Dorfkirchen und das Bauernhofmuseum Jexhof

Information
Touristinfo Herrsching, Tel. 08151/906040, starnbergammersee.de

Diese Runde führt uns an vier der fünf Seen vorbei, denen das Fünfseenland seinen Namen verdankt. In sanft geschwungenen Mulden verstecken sich Pilsensee, Wörthsee und Weßlinger See und der Rückweg führt uns am großen Ammersee vorbei.

Zum Weßlinger See Vor dem Bahnhof Herrsching radeln wir nach links zur Ladestraße und an ihrem Ende kurz nach links. Vor dem Bahnübergang biegen wir rechts auf einen Radweg ab, der nach Hechendorf führt. Nach dem Strandbad geht es nach links unter der Bahnlinie hindurch, steil aufwärts zur Hauptstraße und auf ihr nach rechts zur breiten Inninger Straße. Wir folgen ihr wenige Meter nach links, dann radeln wir nach rechts in die Günteringer Straße und bald nach links in den Steinebacher Weg. An der folgenden Gabelung biegen wir rechts auf einen Wirtschaftsweg ab, der uns nach Steinebach bringt. Am Ortsrand fahren wir nach rechts in die Kiebitzstraße und an deren Ende nach links zur nahen Auinger Straße, der wir nach rechts folgen. Wir überqueren die Landstraße und radeln am S-Bahnhof Steinebach vorbei zur Weßlinger Straße.
Auf ihr geht es rechts aufwärts, nach 400 Metern rechts über die Bahnlinie und nach der Brücke links auf den Kiesweg. Wir fahren geradewegs durch den Wald, bis wir an einer Gabelung dem Radwegweiser Richtung Weßling nach links auf die Felder folgen. Nun radeln wir geradeaus, bis wir in Weßling vor einer Unterführung nach links abbiegen. Parallel zur Landstraße geht es bis zu einer Fußgängerampel im Ort. Rechts kann man einen Abstecher zum nahen See machen.

Zum Bauernhofmuseum Wir folgen jedoch dem nach links abknickenden Sträßchen und biegen nach wenigen Metern nach rechts in die Schulstraße ein. An ihrem Ende halten wir uns links, fahren in die Bahnhofstraße und vor dem nahen S- Bahnhof nach links unter der Bahnlinie hindurch. Jenseits geht es wenige Me-

Von Stegen geht der Blick über den Ammersee nach Süden.

ter nach rechts und dann nach links zu einer Kreuzung, an der wir nach rechts den Radwegweisern in die Straße Bacheläcker folgen. An der nächsten Gabelung fahren wir nach rechts in die Tannenbergerstraße und dann nach links auf dem Mischenrieder Weg vor den Gutshof Mischenried. Den Radwegweisern folgend geht es nach links und geradewegs zu einer Teerstraße, auf der wir nach links unter der A96 hindurchradeln. Bei einem Teich biegen wir auf eine Forststraße, der wir geradewegs zum Bauernhofmuseum Jexhof folgen.

Am Bauernhofmuseum im ehemaligen Jexhof

Durch den Wald nach Inning Vom Jexhof folgen wir der geteerten Zufahrtsstraße abwärts zur Kreisstraße und radeln auf dem Radweg links hinauf nach Mauern. Im Dorf treffen wir auf eine

Das Bauernhofmuseum Jexhof

Der Jexhof ist ein denkmalgeschützter Dreiseithof aus dem 19. Jahrhundert. Heute ist in dem einsam gelegenen Einödhof ein Bauernhofmuseum untergebracht. Neben zwei Dauerausstellungen gibt es wechselnde Sonderausstellungen, zahlreiche Veranstaltungen wie Brauchtumsfeste und Handwerkstage sowie eine kleine Wirtschaft.

Vorfahrtsstraße, der wir nach rechts folgen. Nach wenigen Metern biegen wir links in den Inninger Weg ein, der in einen Wirtschaftsweg übergeht. Jetzt folgen wir geradewegs im Auf und Ab den Radwegweisern Richtung Inning durch den Wald. Nach drei Kilometern erreichen wir den Waldrand, überqueren kurz darauf eine Straße und radeln unter der A96 hindurch. Wir erreichen eine Querstraße, die rechts nach Inning hinabführt. Am Ortsrand biegen wir bei erster Gelegenheit links in die Sportstraße ein, der wir bis zu ihrem Ende folgen. Wenige Meter geht es nach rechts und dann nach links auf dem Enzenhofer Weg zur Leitenstraße, auf der wir nach rechts fahren. Kurz

Links: Herbststimmung am kleinen Weßlinger See

vor der Landstraße biegen wir links in einen Kiesweg ein, der am Inninger Bach entlangführt. An der Kreuzung kurz nach einem Teich geht es nach rechts zur Landstraße, die geradewegs überquert wird, und am Schulzentrum vorbei fahren wir aufwärts. Die Schornstraße knickt nach links ab und geht in einen Kiesweg über, der uns nach Buch bringt.

Im Ort folgen wir der Hauptstraße nach rechts, wechseln an der nächsten Gabelung geradewegs in die Seestraße und biegen vor einer Kapelle nach links in die Breitbrunner Straße. Das bald für den allgemeinen Verkehr gesperrte Sträßchen führt uns geradewegs nach Breitbrunn. Wir überqueren schräg nach rechts die Hauptstraße und folgen dem Sträßchen Am Königsberg aufwärts. Vor der Kirche geht es nach links in die Jaudesbergstraße und an deren Ende nach rechts zu einer nahen Vorfahrtsstraße. Kurz fahren wir nach rechts abwärts und dann nach links in die schmale Ellwanger Straße, die zu Beginn etwas steiler aufwärtsführt.

Die Steigung nimmt schon nach kurzer Fahrt ab und recht sanft radeln wir über einen bewaldeten Hügel in den Weiler Ellwang. Wir folgen dort der Querstraße nach rechts und fahren auf herrlichem Panoramasträßchen, das uns mit Blicken nach Andechs und zu den Alpen verwöhnt, nach Rausch. Im Rechtsbogen geht es um den Weiler und auf der steilen Straße hinab ins nahe Herrsching. Unterhalb der Fachhochschule wechseln wir geradewegs auf eine vorfahrtsberechtigte Straße. Nach 300 Metern überqueren wir die Hauptstraße und radeln auf dem Radweg nach links zum Ammerseeufer, das mit schönen Badeplätzen lockt. Unser Weg schwenkt nach kurzer Fahrt wieder hinauf zur Hauptstraße, der wir nach rechts folgen. Wenige Meter nach der Bahnlinie biegen wir schließlich rechts in die Ladestraße ein, die uns zum nahen Bahnhof in Herrsching zurückbringt.

Der Jexhof bietet Einblicke in vergangenes bäuerliches Leben.

7 Von Herrsching zum Wörthsee

Kurztour durchs Seenland

Mittel | 27 km | 200 m | 2.15 Std.

Tourencharakter
Die Route verläuft auf weiten Strecken auf verkehrsfreien Wirtschaftswegen, auf kürzeren Abschnitten auch auf verkehrsarmen Nebenstraßen. Nur in den Ortschaften muss man mit schwachem bis mäßigem Verkehr rechnen. Die längste Steigung ist nach Breitbrunn zu überwinden.

Ausgangs-/Endpunkt
Herrsching, S-Bahnhof

GPS-Koordinaten
47.9981, 11.1707

Anfahrt
Bahn: Von München aus ist Herrsching mit der S8 zu erreichen. Auto: Von der A96 ist das südlich gelegene Herrsching auf verschiedenen Straßen zu erreichen.

Einkehr
In Hechendorf, Steinebach, Bachern, Buch, Breitbrunn und Herrsching

Badeplätze
Am Pilsensee, Wörthsee und Ammersee

Sehenswürdigkeiten
Seepromenade und Kirchen in Herrsching

Information
Touristinfo Herrsching, Tel. 08151/906040, starnbergammersee.de

Diese kurze Radrunde führt uns vom Ammersee in das Hügelland nördlich von Herrsching. Hier locken der Pilsensee und der Wörthsee mit einladenden Badestellen. Auf dem Rückweg begeistern die Blicke nach Andechs und über das Alpenvorland zu den Bergen.

Pilsensee und Wörthsee Am S-Bahnhof in Herrsching wenden wir uns nach links und radeln auf der Ladestraße geradewegs zu einer Vorfahrtsstraße. Auf ihr fahren wir wenige Meter nach links und vor dem Bahnübergang nach rechts auf einen Radweg, der uns an den Gleisen entlang durch das Herrschinger Moos führt. Nach zweieinhalb Kilometern wechseln wir geradewegs auf eine schmale Teerstraße, die uns an der Bahnstrecke entlang nach Hechendorf führt. Nach dem Strandbad Pilsensee fahren wir an der Kreuzung geradeaus auf die Vorfahrtsstraße, die uns zur Landstraße leitet. Auf ihr geht es nach links unter der Bahnlinie hindurch und anschließend aufwärts ins Ortszentrum von Hechendorf. Wir biegen rechts in die Günteringer Straße ein und nach 350 Metern links in den Steinebacher Weg. Nach kurzer Strecke folgen wir an einer Gabelung den Radwegweisern rechts auf einen Wirtschaftsweg, der uns über zwei aussichtsreiche Wiesenkuppen geradewegs zum Ortsrand von Steinebach bringt. Wir radeln geradeaus durch den Ort und biegen am Ende der Günteringer Straße rechts in die Dorfstraße ein. Auf ihr gelangen wir zur Hauptstraße und dann nach links den Radwegweisern folgend auf der Seestraße hinab zum Seeufer.

Auf stillen Wegen nach Breitbrunn Nach den Parkplätzen halten wir uns links und biegen in den schmalen Seeuferweg ein. Nach 250 Metern treffen wir auf die Vordere Seestraße, die uns wieder zum Seeufer führt. Nach dem wundervollen Badeplatz und dem Parkplatz knickt der Weg nach rechts ab. An der nächsten Kreuzung halten wir uns rechts und treffen am Ortsrand von Walchstadt auf eine Vorfahrtsstraße. Wir folgen ihr nach links und bie-

gen nach 300 Metern rechts in den Osterholzweg ein. Er führt uns im Auf und Ab durch den Wald nach Inning. Wir radeln geradewegs ins Dorf. An der ersten größeren Kreuzung biegen wir links auf den Enzenhofer Weg ein. Er bringt uns zur Leitenstraße, auf der wir nach rechts fahren. Wenige Meter vor der Landstraße geht es links in einen Kiesweg, der am Inninger Bach entlangführt. An der Kreuzung kurz nach einem Teich fahren wir nach rechts zur Landstraße, die geradewegs überquert wird. Wir radeln am Schulzentrum vorbei aufwärts und folgen der nach links abknickenden Schornstraße. Sie geht in einen Kiesweg über, der uns geradewegs nach Buch bringt. Im Ort folgen wir der Hauptstraße nach

Am Wörthsee findet man schöne Liegewiesen.

Ganz oben: In der klaren Herbstluft leuchtet der Wörthsee.

Immer wieder begeistern die Blicke über die glasklaren Seen.

rechts und wechseln an der nächsten Gabelung geradewegs in die Seestraße, die uns zu einer Kapelle bringt. Geradeaus kann man hier zu schönen Badeplätzen am Ammersee hinabradeln. Wir biegen jedoch links in die Breitbrunner Straße ein. Das bald für den allgemeinen Verkehr gesperrte Sträßchen führt uns geradewegs nach Breitbrunn. Wir überqueren schräg nach rechts die Hauptstraße und folgen dem Sträßchen Am Königsberg aufwärts. Vor der Kirche folgen wir der Jaudesbergstraße nach rechts und radeln an deren Ende nach rechts zu einer nahen Vorfahrtsstraße.

Herrsching am Ammersee

Nach der Tour lockt Herrsching mit der längsten Seepromenade Deutschlands. Vor allem am Abend, wenn die Sonne langsam über dem Ammersee versinkt, laden die Uferwege rund um das 1895 erbaute Kurparkschlösschen zum Schlendern und Einkehren ein.

Panoramaweg nach Herrsching

Auf der Vorfahrtsstraße fahren wir kurz nach rechts abwärts und biegen dann links in die schmale Ellwanger Straße ein. Das nur zu Beginn etwas steiler und für den allgemeinen Verkehr gesperrte Sträßchen führt uns aus dem Ort. Die Steigung nimmt schon nach kurzer Fahrt ab und recht sanft radeln wir über einen bewaldeten Hügel in den Weiler Ellwang. Wir folgen dort der Querstraße nach rechts und fahren auf herrlichem Panoramasträßchen, das uns mit Blicken nach Andechs und zu den Alpen verwöhnt, nach Rausch. Im Rechtsbogen geht es um den Weiler und wir lassen auf der steilen Straße die Räder nach Herrsching hinabrollen. Unterhalb der Fachhochschule wechseln wir geradewegs auf eine vorfahrtsberechtigte Straße. Nach 300 Metern überqueren wir die Hauptstraße und radeln auf dem Radweg nach links zum Ammerseeufer, das mit schönen Badeplätzen lockt. Unser Weg schwenkt nach kurzer Fahrt wieder hinauf zur Hauptstraße, der wir nach rechts folgen. Wenige Meter nach der Bahnlinie biegen wir schließlich rechts in die Ladestraße ein, die uns zum nahen S-Bahnhof Herrsching zurückbringt.

Ganz unten: Rast am Wörthsee

Am Ufer des Pilsensees

8 Von Gauting ins Würmtal

Kelten, Römer, Wittelsbacher

Leicht	29 km	150 m	2.30 Std.

Tourencharakter
Die Anstiege sind allesamt recht kurz oder sanft. Ein großer Teil der Tour verläuft auf unbefestigten, aber gut zu befahrenden Wirtschaftswegen.

Ausgangs-/Endpunkt
Gauting, Bahnhof

GPS-Koordinaten
48.0706, 11.3768

Anfahrt
Bahn: Der Bahnhof Gauting liegt an der Bahnlinie von München nach Garmisch und ist von München aus mit der S6 zu erreichen. Auto: Gauting liegt zwischen München und Starnberg im Tal der Würm an der St2063. Gute Parkmöglichkeiten an der Gaststätte Forsthaus Kasten an der Straße zwischen Gauting und Neuried.

Einkehr
Im Forsthaus Kasten, in Buchendorf, Leutstetten und Gauting

Badeplätze
Badeabstecher zum Starnberger See möglich

Sehenswürdigkeiten
Keltenschanze Buchendorf, römische Villa bei Leutstetten

Information
Touristinfo Starnberg,
Tel. 08151/90600,
starnbergammersee.de

Über die Endmoräne des eiszeitlichen Würmgletschers führt uns diese Tour zum ehemaligen Gletscherbecken, in dem heute der Starnberger See liegt. Am Weg liegen eine Keltenschanze, ein römischer Gutshof und das Schloss von Leutstetten.

Zur großen Keltenschanze Vom Bahnhof Gauting radeln wir auf der Hauptstraße kurz nach links und vor der Unterführung nach rechts in die Hubertusstraße. Nach 800 Metern geht es an einer Gabelung nach rechts in die Nimrodstraße, an ihrem Ende geradewegs auf einen Radweg und an der folgenden Kreuzung nach rechts zu einer schmalen Straße. Wir fahren wenige Meter nach rechts und dann nach links zur schmalen Grubmühlerfeldstraße, der wir nach links folgen. An der Kreuzung vor der Grubmühle radeln wir nach rechts zur nahen Landstraße. Wenige Meter geht es nach rechts und dann über die Straße in einen Kiesweg, der uns bald in den Wald führt. An einer ersten Wegkreuzung halten wir uns geradeaus und nach einem kurzen Anstieg fahren wir an der nächsten Kreuzung nach links zum Ausflugslokal Forsthaus Kasten.
Hinter dem Biergarten halten wir uns rechts und gelangen auf der Zufahrtsstraße zur breiten Hauptstraße. Wir folgen ihr kurz nach rechts und biegen dann nach links Richtung Buchendorf ab. Am Ortsrand können wir nach links einen Abstecher zur mächtigen keltischen Viereckschanze machen. Die Keltenschanze bei Buchendorf gehört mit ihren mächtigen Wällen zu den besterhaltenen ihrer Art. Erbaut wurde sie in den letzten vorchristlichen Jahrhunderten wohl als eine Art befestigter Gutshof. Nach der Besichtigung kehren wir zur Hauptstraße zurück und radeln nach links ins Ortszentrum von Buchendorf.

Auf stillen Wegen nach Leutstetten An der Kreuzung vor der Kirche folgen wir neben der goldenen Mariensäule der Hauptstraße nach rechts. Nach 50 Metern geht es nach links in den

Leutstettener Weg und am Ortsrand halten wir uns links auf den Wangener Weg. Bald geht es auf dem Sträßchen in den Wald und nach zwei Kilometern fahren wir schräg nach links über eine schmale Teerstraße. Wir folgen dem Hauptweg geradeaus zum Ortsrand von Wangen. An der Weggabelung fahren wir nach rechts auf der Angerstraße zur vorfahrtsberechtigten Wildmoosstraße, auf der wir rechts aus dem Dorf radeln. Nach einer schwungvollen Abfahrt biegen wir in den ersten nach links abzweigenden Feldweg. Über die Wiesen und einen bewaldeten Buckel geht es zu einer Wegkreuzung am Waldrand. Hier fahren wir nicht nach links Richtung Starnberg, sondern geradeaus. An der nächsten Kreuzung wechseln wir geradewegs auf ein Teersträßchen, das

An der beliebten Schlosswirtschaft Leutstetten

Ganz oben: Der Rückweg führt durch das Würmtal.

uns links um einen Gutshof herum nach Heimatshausen führt. Wir lassen die Räder geradewegs durch die Siedlung zu einer Querstraße hinabrollen. Nach links kann man einen etwa einen Kilometer langen, ausgeschilderten Abstecher zum Badegelände Percha am Starnberger See unternehmen.

Unser Weiterweg führt hier allerdings nach rechts. Nach 200 Metern folgen wir geradewegs den Radwegweisern auf einen schmalen Weg. Teils auf Bohlenwegen radeln wir durch das Moor und den Wald und erreichen nach zwei Kilometern eine Kreuzung, an der wir uns links halten. Nach kurzer Fahrt biegt am Waldrand ein Weg zur nahen Ausgrabungsstelle der römischen Villa Rustica ab. Unser Weiterweg knickt hier nach rechts ab und führt uns über aussichtsreiche Wiesen zum Ortsrand von Leutstetten. Hier fahren wir auf der Straße nach links und vorbei am Schloss Leutstetten aufwärts zu einer Querstraße, auf die wir nach links abbiegen, um nach kurzer Fahrt die beliebte Schlosswirtschaft in Leutstetten zu erreichen.

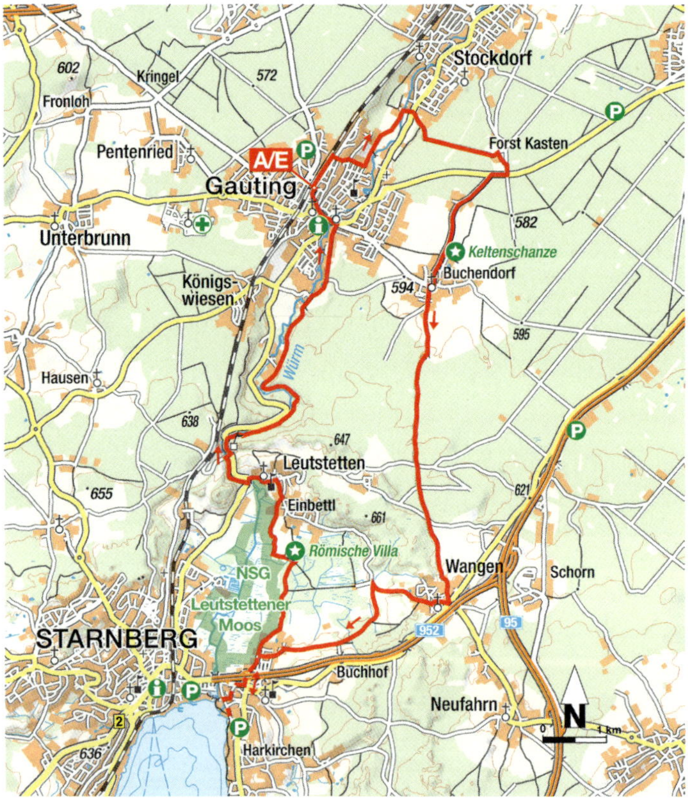

Malerisches Leutstetten

Das im 16. Jahrhundert erbaute Schloss Leutstetten ist in Privatbesitz und kann nicht besichtigt werden. Einen Besuch wert sind die beliebte Schlossgaststätte mit schattigem Biergarten und die kleine romanische Kirche St. Alto. Sie beherbergt einen wertvollen spätgotischen Pfingstaltar und das barocke Tafelbild der drei heiligen Jungfrauen.

Durch das Tal der Würm In Leutstetten folgen wir der Zufahrtsstraße, die am kleinen Kirchlein vorbei ins Würmtal hinabführt. Dort treffen wir auf die Landstraße, auf der wir nach links die Würm überqueren. Kurz nach der Brücke geht es nach rechts in einen Kiesweg, der uns zu einer Querstraße bringt. Auf ihr fahren wir nach rechts über die

Würm zur Landstraße und auf dem Radweg nach links. Nach kurzer Strecke überqueren wir die Straße und radeln nach links am Forsthaus Mühltal vorbei auf einen schmalen Weg. Der gut beschilderte Weg führt uns rechts der Würm zu einem Gehöft. Wir wechseln auf ein Teersträßchen und fahren nun geradeaus, bis wir in Gauting auf die viel befahrene Münchener Straße stoßen. Auf ihr radeln wir nach links über die Würm zur großen Kreuzung im Zentrum von Gauting. Im Ort erinnert nichts mehr an die römische Siedlung und das Kastell Bratananium. Es bewachte den wichtigen Übergang über die Würm an der Fernstraße Via Julia, die Salzburg mit Augsburg verband.

Geradewegs führt die Bahnhofstraße hinauf zum Bahnhof Gauting. Wer die Tour nicht am Bahnhof Gauting begonnen hat, der kann an der großen Kreuzung rechts in die Grubmühlerfeldstraße einbiegen und trifft am Ortsrand von Gauting wieder auf die ab dem Bahnhof beschriebene Route.

Ganz unten: Ein Abstecher führt zum Starnberger See.

Die Fundamente der römischen Villa bei Leutstetten

9 Rund um den Starnberger See

Der König des Fünfseenlandes

Leicht	48 km	100 m	4 Std.

Tourencharakter
Der Weg führt ohne markante Steigungen am Seeufer entlang. Die Tour verläuft teils auf geteerten Nebenstrecken, teils auf unbefestigten, aber gut zu befahrenden Rad- und Wirtschaftswegen.

Ausgangs-/Endpunkt
Starnberg, Bahnhof

GPS-Koordinaten
47.9963, 11.3430

Anfahrt
Bahn: Starnberg ist von München aus mit der S6 zu erreichen und liegt an den Bahnstrecken nach Kochel und Innsbruck. Auto: Starnberg ist über die A95 und A952 zu erreichen. In Starnberg sind die Parkmöglichkeiten allerdings sehr beschränkt.

Einkehr
Zahlreiche Einkehrmöglichkeiten entlang der Strecke

Badeplätze
Zahllose Badestellen rund um den Starnberger See

Sehenswürdigkeiten
Roseninsel, Buchheim Museum, Kloster Bernried und Votivkapelle sowie Schloss in Berg

Information
Touristinfo Starnberg,
Tel. 08151/90600,
starnbergammersee.de

Wie an einer Perlenschnur aufgereiht liegen am Starnberger See Badeplätze, Sehenswürdigkeiten und Einkehrmöglichkeiten. Die Runde bietet zudem herrliche Ausblicke und sorgt mit einer Mischung aus Natur und Kultur für einen ausgefüllten Radeltag.

Am Westufer nach Seeshaupt Vor dem Bahnhof Starnberg halten wir uns links und fahren nach wenigen Metern links durch die Unterführung hindurch zur Seepromenade. Auf ihr fahren wir nach rechts am See entlang und gelangen nach 600 Metern unter der Bahnlinie hindurch zur Possenhofener Straße. Wir folgen ihr nach links und biegen vor der Unterführung rechts in die Wilhelmshöhenstraße ein. An ihrem Ende fahren wir nach links über die Bahngleise und dann nach rechts in den Moritz-von-Schwind-Weg. Nach einem Kilometer geht es an einer Gabelung nach links zum Parkplatz am Paradies und wir halten uns rechts, um über das Parkplatzgelände zur Hauptstraße zu gelangen, die wir überqueren. Durch das Freizeitgelände von Possenhofen geht es jetzt zum hübschen Renaissance-Schloss. Wir treffen auf eine Teerstraße, der wir nach links folgen. Kurz nach dem Jachtclub Possenhofen wechseln wir geradeaus auf einen Weg, der dem Ostufer des Starnberger Sees folgt. Bald sehen wir links im See die geschichtsträchtige Roseninsel, zu der man mit einem Fährboot übersetzen kann.

Vorbei an zahlreichen Badestellen geht es über Garatshausen nach Tutzing. Hier treffen wir vor dem Schloss auf eine Querstraße. Auf ihr radeln wir nach rechts aufwärts und biegen nach kurzer Fahrt links in die Monsignore-Schmid-Straße ein. Bei nächster Gelegenheit radeln wir nach rechts zur nahen Hauptstraße, der wir nach links folgen. Nach 600 Metern biegen wir am Ortsrand links in einen Radweg ein, der uns geradewegs nach Unterzeismering führt. Auf der Hauptstraße fahren wir nach links durch das Dorf und am Ortsende wechseln wir links auf einen Radweg, dem wir zum Schlosspark von Höhenried folgen.

Dort lockt das als Buchheim Museum bekannte Museum der Phantasie mit den Sammlungen expressionistischer Kunst. Vom Museum geht es auf dem Radweg weiter ins nahe Bernried.

Im Ort biegen wir an einer Rechtskurve geradewegs auf eine Nebenstraße ab, die uns zum ehemaligen Kloster bringt. Sehenswert sind die barockisierte Klosterkirche und die Hofmarkskirche. Vor dem Kloster fahren wir nach links zur nahen Schiffsanlegestelle. Hier knickt der Radweg nach rechts ab und führt uns immer nahe dem Seeufer nach Süden. Nach drei Kilometern wird der Uferweg zum Fußweg und wir folgen dem breiten Weg nach rechts, der uns nach Seeseiten bringt. Wir stoßen auf eine Teerstraße, auf der wir nach links radeln. Am Ortsrand von Seeshaupt erreichen wir eine Vorfahrtsstraße, auf der es nach links durch das Ortszentrum geht.

Das Renaissance-Schlösschen in Possenhofen

Ganz oben: Am Ufer des Starnberger Sees nahe der Roseninsel

Am Ostufer zurück nach Starnberg Am Ortsende können wir links auf einen Radweg wechseln, der uns über das Dörfchen St. Heinrich zum Freizeitgelände von Ambach führt. Die Hauptstraße knickt hier vom Seeufer weg. Wir halten uns jedoch links und radeln auf Kieswegen und einer schmalen Straße am See entlang über Ambach und Ammerland nach Leoni. Am Ortsende biegen wir vor einem steilen Anstieg links in den Parkweg ein. An der Weggabelung nach dem Parktor radeln wir nach links zur Votivkapelle. Sie erinnert an den ungeklärten Tod von Ludwig II. Unterhalb markiert ein Kreuz im See jene Stelle, an der er starb. Weiter geht es zum Ortsrand von Berg. Hier fahren wir auf einer Straße links hinab und biegen dann in die erste links ab-

In Bernried radeln wir am ehemaligen Kloster vorbei.

zweigende Straße ein. Sie führt uns am Schloss Berg vorbei zur Seestraße, auf der wir nach rechts am See entlangradeln. Jetzt fahren wir immer so nahe wie möglich am See zum Erholungsgelände Kempfenhausen und halten uns an der Seestub'n Percha rechts, um zum Schiffbauerweg zu kommen. Auf der schmalen Straße fahren wir nach links und nach 400 Metern

Die romantische Roseninsel

Von Mai bis Mitte Oktober bringt eine Fähre Besucher auf die Roseninsel. Dort ließ Ludwig II. rund um ein kleines Schlösschen einen Rosengarten anlegen. Hier traf er sich gerne mit seiner Cousine, der späteren Kaiserin Sisi. Geschichtlich bedeutsamer ist die steinzeitliche, vor 5000 Jahren errichtete Pfahlbausiedlung, die im Flachwasser entdeckt wurde. Sie gehört zum UNESCO-Welterbe »Prähistorische Pfahlbauten um die Alpen«.

biegen wir an einem scharfen Rechtsknick geradeaus auf einen Radweg ein. Nach wenigen Metern treffen wir auf die vierspurige B2, vor der wir uns links halten. Wir folgen dem Radweg und wechseln bald geradewegs auf die Perchastraße. Auf ihr radeln wir unter der Bahnlinie hindurch zu einer Kreuzung. Hier biegen wir nach links ab und fahren auf der Kaiser-Wilhelm-Straße zurück zum Bahnhof Starnberg.

Im Schlosspark von Höhenried liegt das bekannte Buchheim Museum (Bild links und rechts).

10 Vom Starnberger See nach Andechs

Heiliger Berg und Badefreuden

Schwer | 40 km | 410 m | 3.45 Std.

Tourencharakter
Zu Beginn ein langer, anstrengender Anstieg, dann sanftes Auf und Ab und Flachstrecken. Die Tour verläuft auf unbefestigten Wirtschaftswegen und auf geteerten Nebenstraßen.

Ausgangs-/Endpunkt
Tutzing, Bahnhof

GPS-Koordinaten
47.9069, 11.2732

Anfahrt
Bahn: Tutzing liegt an der Bahnstrecke von München nach Garmisch und ist außerdem von München aus mit der S6 zu erreichen. Auto: Tutzing liegt am Ostufer des Starnberger Sees und ist von Starnberg über die B2 oder die St2063 zu erreichen.

Einkehr
Im Gut Kerschlach, in Erling, Andechs, am Maisinger See, in Pöcking, Possenhofen und Tutzing

Badeplätze
Am Maisinger See und an zahlreichen Badestellen am Starnberger See

Sehenswürdigkeiten
Kloster Andechs und die Roseninsel im Starnberger See

Information
Touristinfo Starnberg, Tel. 08151/90600, starnbergammersee.de

Nach dem langen Anstieg zu Beginn sorgt Andechs mit dem urigen Bräustüberl und dem ehrwürdigen Kloster für die Stärkung von Körper und Geist. Anschließend bieten die Badestellen am Maisinger See und am Starnberger See eine willkommene Erfrischung.

Hinauf zum Kloster Andechs

Vor dem Bahnhof Tutzing radeln wir auf der Bahnhofstraße, die nach kurzer Strecke in einen schmalen Weg übergeht, nach rechts. Nun folgen wir geradewegs der Bahnlinie, bis wir auf eine breite Querstraße treffen. Auf ihr geht es nach rechts unter der Bahnlinie hindurch und bald wieder nach rechts in die schmale Monatshauser Straße. Sie führt teils steil aufwärts zu einer Querstraße. Wir radeln nach rechts aufwärts, wechseln nach 250 Metern links auf einen Wirtschaftsweg und fahren vorsichtig über die Bundesstraße und abwärts zum Gut Kerschlach.

Den Gutshof umfahren wir auf der rechten Seite und biegen vor einem Anstieg links in eine Forststraße ein. Im Auf und Ab gelangen wir zu einer Wegkreuzung. Wir halten uns links und erreichen nach einem Kilometer neben einem Kreuz eine breite Kiesstraße. Auf ihr fahren wir nach rechts und folgen den Radwegweisern geradewegs zur Hauptstraße in Erling. Jenseits radeln wir auf der Andechser Straße zum Parkplatz am Fuß des Klosters Andechs.

Vorbei an der Kirche von Erling geht's zum Kloster Andechs.

Ganz oben: Mit einer Fähre kann man zur romantischen Roseninsel übersetzen.

Durchs Hügelland zum Maisinger See Wir biegen rechts in den Birkenmoosäckerweg ein und radeln um den Parkplatz zu einer Gabelung vor einem Feldkreuz. Hier geht es rechts auf einem Kiesweg steil aufwärts zum Waldrand und weiter zur Landstraße. Jenseits fahren wir auf dem Radweg nach links und folgen danach rechts den Radwegweisern über die Wiesen in den Wald. Dort halten wir uns an einer Gabelung links und radeln auf teils holprigem Weg zu einer schmalen Teerstraße. Auf ihr fahren wir nach links, gelangen nach 300 Metern rechts auf einen Forstweg und radeln geradewegs nach Aschering.

Nun geht es geradewegs bis zur Ortsdurchfahrtsstraße und auf ihr nach rechts. Nach kurzer Fahrt biegen wir hinter der Kirche links in den Pöckinger Weg ein und fahren an der Gabelung am Ortsrand nach links in den Maisinger Seeweg. Vor einem Hügel halten wir uns rechts und radeln geradewegs auf zum Schluss breitem Weg zur Gaststätte Maisinger Seehof und zur Badestelle am Maisinger See. Der kleine Moorsee steht unter Naturschutz und ist ein Paradies für Wasservögel.

Der Maisinger See ist ein wahres Naturjuwel.

Ganz oben: An einem Kreuzweg schweift der Blick nach Andechs.

Zum Starnberger See Vom Seehof radeln wir wenige Meter zurück zum Waldrand. Wir biegen an der Gabelung nach links ab und fahren nach einem Brückchen wieder nach links. Auf schmalem Kiesweg gelangen wir zu einer Wegkreuzung, fahren rechts auf Pöcking zu und bald geradewegs unter der B2 hindurch. Auf einem steinigen Feldweg geht es aufwärts nach Pöcking. Am Ortsrand gelangen wir auf einer schmalen Straße links zur Hauptstraße, auf der wir nach links durch Pöcking radeln.
Kurz nach einer Ampelkreuzung biegen wir rechts in die Alte Bahnhofstraße ein. Bald geht es an einer Gabelung nach links in die Franziska-Günther-Straße und am nahen Ortsrand geradewegs auf den Niederpöckinger Weg. Er führt etwas holprig abwärts zu einer breiten Teerstraße, der wir nach rechts über die Bahngleise folgen, und die in einen schmalen Weg über-

geht. Wir treffen auf einen Querweg, der uns nach rechts zu einer Kreuzung zum Parkplatz am Paradies bringt. Indem wir uns rechts halten, gelangen wir über das Parkplatzgelände zur Hauptstraße, die überquert wird. Durch das Freizeitgelände von Possenhofen geht es jetzt zum hübschen Renaissance-Schloss. In dem im Jahre 1536 erbauten und in späterer Zeit mehrfach umgestalteten Schloss verbrachte die spätere Kaiserin Sissi ihre Jugendjahre. Wir treffen auf eine Teerstraße, der wir nach links folgen. Kurz nach dem Jachtclub Possenhofen wechseln wir geradeaus auf einen Weg, der dem Ostufer des Starnberger Sees folgt. Bald schwimmt links im See die geschichtsträchtige Roseninsel, zu der man mit einem Fährboot übersetzen kann. Auf der einzigen Insel im Starnberger See ließ Ludwig II. rund um das

Der Maisinger Seehof bietet eine beliebte Einkehr.

kleine Schlösschen einen Rosengarten anlegen. Im flachen Wasser vor der Insel wurde eine steinzeitliche Pfahlbausiedlung entdeckt. Sie gehört zum UNESCO-Welterbe »Prähistorische Pfahlbauten um die Alpen«.

Immer am Seeufer entlang geht es weiter über Garatshausen nach Tutzing. Vor Schloss Tutzing fahren wir rechts aufwärts, gelangen nach kurzer Fahrt links in die Monsignore-Schmid-Straße und an der nächsten Kreuzung rechts zur nahen Hauptstraße. Auf ihr radeln wir wenige Meter nach rechts und dann nach links auf der Hallbergerallee zur Bahnhofstraße, die nach rechts zum Bahnhof Tutzing führt.

11 Am Ostufer des Starnberger Sees

Bergblick und Badeglück

Mittel | 38 km | 200 m | 3.15 Std.

Tourencharakter
Zwischen Starnberg und Ammerland geht es in stetem Auf und Ab durch das Hügelland, danach bleibt es nahezu steigungsfrei. Die Runde verläuft auf geteerten Straßen und auf gut zu befahrenden Kieswegen.

Ausgangs-/Endpunkt
Starnberg, Bahnhof

GPS-Koordinaten
47.9963, 11.3430

Anfahrt
Bahn: Starnberg liegt an der Bahnstrecke München–Garmisch und ist von München aus mit der S6 zu erreichen. Auto: Von der A95 geht es über das Autobahnkreuz Starnberg und die A952 nach Starnberg. In Starnberg eingeschränkte Parkmöglichkeiten.

Einkehr
In Münsing, Ambach, Leoni, Berg, Percha und Starnberg

Badeplätze
Am Starnberger See zwischen Ambach und Starnberg

Sehenswürdigkeiten
Die Kirche in Mörlbach und Votivkapelle und Schloss in Berg

Information
Touristinfo Starnberg, Tel. 08151/90600, starnbergammersee.de

Anfangs erkunden wir das Hügelland östlich des Starnberger Sees, das mit malerischen kleinen Dörfern und herrlichen Zugspitzblicken begeistert. Zurück geht es am See entlang, wo uns im Sommer die zahlreichen Badeplätze kaum vorwärtskommen lassen.

Zum Kirchlein von Mörlbach Vor dem Bahnhof Starnberg radeln wir nach rechts. Unser Weg schwenkt nach links in die Kaiser-Wilhelm-Straße ein. An einem Linksknick folgen wir den Radwegweisern Richtung Percha nach rechts, radeln unter den Bahngleisen hindurch und dann an der vierspurigen B2 entlang. Der Radweg knickt wenige Meter nach der Würmbrücke nach rechts ab und endet an einer Straße, der wir nach links folgen. Nun geht es geradewegs auf der viel befahrenen Straße durch Percha zu einer Ampelkreuzung, an der wir geradeaus fahren. Nach kurzer Strecke radeln wir an einer Linkskurve geradewegs in die schmale Harkirchener Straße. An der Gabelung neben dem Malteserstift fahren wir nach rechts abwärts und auf stillem

Sträßchen geradewegs an Manthal vorbei zu einer Weggabelung. Wir radeln links hinauf ins nahe Harkirchen. Die Geschichte der kleinen Dorfkirche reicht bis ins 8. Jahrhundert zurück. Im 18. Jahrhundert wurde das Gotteshaus barockisiert, erhalten blieb eine Anzahl spätgotischer Figuren.

Linke Seite: Im Hügelland findet man so manchen romantischen Hof.

Ein malerischer Teich im Dörfchen Mörlbach.

Wir radeln geradeaus auf der Neufahrner Straße aus dem Dorf zu einer Weggabelung im Wald. Hier folgen wir nach rechts auf einer Forststraße den Radwegweisern durch den Wald. An einer ersten Kreuzung fahren wir geradeaus und halten uns nach eineinhalb Kilometern an einer Gabelung rechts. Wir radeln über einen Hügel und halten uns an der Gabelung am Waldrand links, dann geht es nach Mörlbach und dort geradewegs zur Ortsdurchfahrt. Wer einen Abstecher zum Kirchlein von Mörlbach unternehmen möchte, der folgt der Straße wenige Meter nach links und biegt dann rechts auf den Stephaniweg ein, der zum kleinen Gotteshaus führt.

Bayerische Dorftrilogie in Münsing – Wirtshaus, Maibaum und Kirche

Über Münsing zum Starnberger See Unser Weg folgt aber der Durchfahrtsstraße nach rechts. Nach einer Abfahrt treffen wir auf die Kreisstraße, die uns nach rechts über aussichtsreiche Wiesen ins nahe Bachhausen führt. Wir radeln geradewegs durch den Ort und folgen am Ortsrand hinter einem Brückchen den Radwegweisern Richtung Münsing nach links auf ein schmales Sträßchen. Bald geht es auf einem Wirtschaftsweg aufwärts nach Biberkor und geradewegs an der großen Montessorischule vorbei. An der Straßenkreuzung nach den Gebäuden biegen wir nach rechts ab und fahren an der folgenden Kreuzung nach links auf die Teerstraße. Sie führt uns abwärts zur Landstraße, die geradewegs überquert wird.

Rechte Seite: Auf dem Dampfersteg in Ammerland

Das Kirchlein in Mörlbach beherbergt wertvolle Kunstschätze.

Hotel am

Wir radeln am Sportgelände von Höhenrain vorbei auf einen Kiesweg und nach einem Kilometer auf der unbefestigten Sibichhausener Straße nach links. An der folgenden Gabelung geht es nach rechts und sanft aufwärts zum Hof von Schwabbruck. An der Kreuzung fahren wir geradeaus und auf schönem Weg in sanftem Auf und Ab am Waldrand entlang nach Münsing. Wir radeln geradewegs in den Ort, überqueren eine Vorfahrtsstraße und biegen rechts in die Schmiedgasse ein. Sie bringt uns zur nahen Hauptstraße, die geradewegs überquert wird. Auf der Degerndorfer Straße radeln wir nun zum Ortsrand hinauf.

Dort folgen wir den Radwegweisern Richtung Holzhausen auf einen Kiesweg, von dem sich ein fantastischer Panoramablick zu den Alpen bietet. Wir bleiben stets auf dem breiten Hauptweg und treffen nach zweieinhalb Kilometern auf eine schmale Vorfahrtsstraße, auf der wir nach rechts nach Holzhausen radeln. Hier fahren wir auf der Landstraße nach rechts und biegen nach 200 Metern links in die nach Reichenkam ausgeschilderte Nebenstraße ein. Auf ihr geht es über einen kurzen Berg hinauf nach Reichenkam und dort nach rechts auf einen

St. Stephan in Mörlbach

Das unscheinbare gotische Stephanskirchlein beherbergt einige der wertvollsten Kunstwerke in weitem Umkreis. Es ist mit spätgotischen Fresken ausgemalt und das spätgotische Chorgestühl blieb erhalten. Besondere Bedeutung haben aber die beiden herrlichen spätgotischen Altäre aus der Zeit um 1500.

nach Ammerland ausgeschilderten Wirtschaftsweg. Wir folgen immer dem breiten Hauptweg und erreichen nach zwei Kilometern sanfter Abfahrt am Ortsrand von Ammerland eine schmale Teerstraße, die uns nach links zur Südlichen Seestraße bringt. Auf ihr fahren wir nach rechts ins Ortszentrum und dort nach links in die Nördliche Seestraße.

Am Starnberger See findet man zahlreiche Bade- und Einkehrmöglichkeiten (rechte und linke Seite).

Am Ostufer des Starnberger Sees Bestens von den Radwegweisern geleitet, radeln wir nun, vorbei an zahlreichen Badestellen, am Ufer des Starnberger Sees nach Leoni. Am Ortsende biegen wir vor einem Anstieg links in den Parkweg ein und fahren nach dem Parktor nach links zur Votivkapelle. Sie erinnert an den Tod von Ludwig II. Unterhalb markiert ein Kreuz im See jene Stelle, an der der Märchenkönig starb.
Weiter geht es ins nahe Berg. Hier fahren wir auf der Straße nach links kurz steil abwärts und an der nächsten Gabelung nach links Richtung See. Wir folgen der Seestraße, bis uns die Radwegweiser links auf einen schmalen Kiesweg leiten. Auf ihm radeln wir am Seeufer entlang an einladenden Badestellen vorbei durch das Erholungsgebiet Kempfenhausen. Zum Schluss geht es am großen Parkplatz vorbei und kurz darauf an der Gabelung nach den Seestub'n Percha nach rechts. Wir halten uns links, schwenken auf den Schiffbauerweg ein und folgen ihm bis vor die vierspurige B2. Hier treffen wir auf den morgendlichen Hinweg und radeln nach links zurück zum Bahnhof Starnberg.

12 Rund um Seeshaupt

Badeseen und stilles Hügelland

Schwer | 41 km | 360 m | 3.45 Std.

Tourencharakter
Die Runde verlangt wegen der vielen kleinen Steigungen, die auf kürzeren Abschnitten auch etwas steiler sein können, ein wenig Kondition. Der größere Teil der Tour verläuft auf wenig befahrenen Teerstraßen, längere Abschnitte auch auf unbefestigten Wirtschaftswegen.

Ausgangs-/Endpunkt
Seeshaupt, Bahnhof

GPS-Koordinaten
47.8227, 11.2874

Anfahrt
Bahn: Der Bahnhof Seeshaupt liegt an der Bahnlinie von München nach Kochel. Auto: Seeshaupt erreicht man am schnellsten über die Ausfahrt Seeshaupt an der A95.

Einkehr
In Iffeldorf, Jenhausen, Bauerbach, Bernried, Seeseiten und Seeshaupt

Badeplätze
Badestellen am Starnberger See, am Großen Ostersee und am Auweiher

Sehenswürdigkeiten
Das Buchheim Museum und das Kloster in Bernried

Information
Touristinfo Starnberg, Tel. 08151/90600, starnbergammersee.de

Der Starnberger See und die Osterseen sind dank ihrer landschaftlichen Schönheit Magnete für Ausflügler. Das angrenzende Hügelland mit seinen herrlichen Ausblicken und versteckten Seen und Mooren liegt dagegen gänzlich abseits der Touristenströme.

Zu den Osterseen Vor dem Bahnhof Seeshaupt radeln wir auf der Seeseitener Straße nach rechts zur Bahnhofstraße, auf der wir nach rechts über die Gleise fahren. Kurz nach dem Ortsende biegen wir links auf eine Kiesstraße ein, die uns zu einer Kreuzung an den Wiesen von Ellmann bringt. Wir folgen der Beschilderung nach links auf die Forststraße und fahren geradewegs durch den Wald, bis wir links kurz steil abwärts das Klinikgelände von Unterlauterbach erreichen. Hier geht es nach rechts in die Parkplatzzufahrt und dann nach rechts am Krankenhaus entlang zu aussichtsreichen Wiesen. Der unbefestigte Weg führt uns

Moderne Kunst und bezaubernde Ausblicke bietet das Buchheim Museum.

nun am Westufer des Großen Ostersees entlang zu einer Wegkreuzung, an der wir uns links halten und auf ein Teersträßchen abbiegen. Nach 600 Metern erreichen wir eine Schautafel, an der links ein schmaler Kiesweg abbiegt. Wer baden möchte, der kann auf diesem Weg zu einem herrlichen Badeplatz am Großen Ostersee gelangen. Wir folgen jedoch geradewegs der schmalen Teerstraße, bis wir westlich von Iffeldorf auf eine Vorfahrtsstraße treffen.

Ganz unten: Einsame Wege führen uns durch das stille Hügelland.

An der ehemaligen Klosterkirche in Bernried

Durch das Hügelland Auf ihr fahren wir nach rechts und im nahen Weiler Steinbach wieder nach rechts auf eine schmale Nebenstraße. Nach einem steilen Anstieg in Gröben geht es auf der Querstraße nach links. Nördlich des Schillersberger Weihers führt das Sträßchen im Wald kurz aufwärts. Am höchsten Punkt biegen wir rechts in einen unbeschilderten Forstweg ein. Nach einem kurzen Anstieg läuft er sanft abwärts zum einsamen Streitberger Weiher. Am Ufer treffen wir auf einen Querweg, der uns über einen Anstieg zur Kreuzung am Streit-

Am Eingang zum Buchheim Museum im Schlosspark Höhenried

berger Hof führt. Nach links lassen wir die Räder zu einer Kreuzung kurz vor dem Hof Tradfranz rollen. Wenige Meter geht es geradeaus und dann biegen wir in das zweite Sträßchen links ein. An der nächsten Kreuzung biegen wir rechts auf ein Teersträßchen ab. Durch den Weiler Eichendorf führt es uns geradewegs zur Kreisstraße, die überquert wird. Auf schmalem Sträßchen radeln wir zur nächsten Kreuzung. Hier geht es rechts nach Wolfetsried und links an den Gebäuden vorbei zu einer Querstraße. Wir folgen ihr rechts hinab in das Tal des Grünbaches und fahren schließlich geradewegs unter der Landstraße hindurch. An den ersten Häusern von Jenbach halten wir uns rechts und biegen unterhalb der auf einem Hügel aufragenden Kirche noch vor Erreichen der Hauptstraße nach links auf eine schmale Teerstraße ein.

Geradewegs radeln wir durch eine breite Talmulde und gelangen nach zwei Kilometern rechts auf den Hügelkamm, auf dem wir auf die Kreisstraße treffen. Auf ihr fahren wir nach links und am Dörfchen Bauerbach vorbei zu einer Vorfahrtsstraße, der wir nach links folgen. Ein steiler Anstieg bringt uns hinauf nach

Haunshofen. Im Ort folgen wir den Radwegweisern nach rechts in die Waldstraße. Am Waldrand radeln wir nach rechts auf das unbefestigte Sträßchen und bald dem Radwegweiser folgend nach links auf eine Forststraße, die kurz aufwärts führt. Wir bleiben auf dem Hauptweg, bis wir einen Querweg erreichen. Auf ihm geht es nach links und an der nächsten Gabelung wieder nach links bis zu einem weiteren Querweg, dem wir rechts hinab folgen. Wir erreichen die Wiesen von Karra und radeln nach links Richtung Gutshof. Der Weg knickt nach rechts ab und führt uns unter der Bahnlinie hindurch. Kurz darauf folgen wir geradewegs dem Hauptweg zu einer Kreuzung, an der wir den Wanderwegweisern folgend rechts zum wunderschönen Auweiher hinaufradeln, an dem wir eine Badepause einlegen können.

Zum Starnberger See Kurz nach dem Weiher fahren wir an einer Gabelung nach links, am folgenden Querweg wieder nach links und dann geradewegs abwärts zu den Wiesen von Höhenried. An einer Kreuzung vor der Landstraße biegen wir rechts ab und an der nächsten Gabelung fahren wir nach links auf das nun geteerte Sträßchen. Wir radeln geradeaus durch den Wald bis zur Landstraße. Auf ihr geht es wenige Meter nach rechts und dann nach links zum großen Parkplatz am Buchheim Museum in Höhenried. Hier biegen wir nach rechts ab und fahren am Museum vorbei in das nahe Klosterdorf Bernried. Im Ort wechseln wir an einer Rechtskurve geradewegs auf eine Nebenstraße, die uns zum ehemaligen Kloster bringt.
Vor dem Kloster biegen wir links auf einen Weg ein, der uns zur Schiffsanlegestelle am Starnberger See führt. Hier knickt der ausgeschilderte Radweg nach rechts ab und führt uns immer nahe dem Seeufer nach Seeseiten. Wir stoßen auf eine Teerstraße, auf der wir nach links am See entlang Richtung Süden radeln. Am Ortsrand von Seeshaupt erreichen wir eine Vorfahrtsstraße, auf der es nach links in das nahe Ortszentrum geht. Nach rechts führt die Pettenkoferallee geradewegs zum Bahnhof Seeshaupt.

Buchheim Museum der Phantasie

Im Schlosspark von Höhenried lockt mit dem Museum der Phantasie eine der Hauptattraktionen am Starnberger See. Geplant wurde der moderne Bau vom bekannten Architekten Günter Behnisch für die Kunstsammlungen von Lothar-Günther Buchheim. Zu sehen sind unter anderem Werke der expressionistischen Künstlergruppe »Die Brücke« und wechselnde Sonderausstellungen.

13 Zwischen Osterseen und Königsdorf

Rund um das Loisachtal

Schwer | 41 km | 340 m | 3.30 Std.

Tourencharakter
Im Auf und Ab geht es durch das Alpenvorland, wobei nur kurze Abschnitte etwas steiler sind. Die Tour verläuft auf Nebenstraßen und teils auf unbefestigten Wegen.

Ausgangs-/Endpunkt
Iffeldorf, Bahnhof

GPS-Koordinaten
47.7826, 11.3291

Anfahrt
Bahn: Iffeldorf liegt an der Bahnstrecke, die von München über Tutzing nach Kochel führt. Auto: Iffeldorf liegt unweit der Ausfahrt Penzberg/Iffeldorf nahe der A95.

Einkehr
Am Eitzenberger Weiher (Kiosk), im ersten Nantesbuch, in Königsdorf, am Bibisee, in Beuerberg, Faistenberg und Iffeldorf

Badeplätze
Am Eitzenberger Weiher, am Bibisee und an den Osterseen (Abstecher am Tourenende)

Sehenswürdigkeiten
Kirchen in Iffeldorf und Königsdorf und Kloster Beuerberg

Information
Touristinfo Iffeldorf, Tel. 08856/90199214, iffeldorf.de

Die hügelige Landschaft, durch die uns diese Tour führt, ist geprägt von der letzten Eiszeit. Wir radeln vorbei an malerischen Dörfern, kleinen Badeseen und einsamen Mooren. Als krönender Abschluss lockt ein Abstecher zum Großen Ostersee.

Über die Loisach nach Königsdorf Vom Bahnhof Iffeldorf radeln wir nach links zu einer nahen Vorfahrtsstraße und auf ihr nach links unter der Bahnlinie hindurch zur Landstraße. Auf dem Radweg geht es nach rechts und nach einem Kilometer geradewegs durch den Iffeldorfer Ortsteil Untereurach. Hier wechselt der Radweg auf die linke Straßenseite und kurz darauf biegen wir am Ortsrand links auf den Nantesbucher Weg ab. Bald geht es über die Autobahn und an der Gabelung vor dem Golfplatz nach links. Vorbei am Eitzenberger Weiher und durch den Weiler

Oberhof fahren wir geradeaus nach Nantesbuch und lassen die Räder ins Tal der Loisach hinabrollen. Vor der Landstraße fahren wir auf den Radweg nach links und nach 300 Metern nach rechts über die Hauptstraße in das nach Hohenbirken ausgeschilderte Nebensträßchen. An der Kreuzung nach der Loisachbrücke geht

es geradeaus und über einen Hügelkamm in einen weiteren Weiler mit dem Namen Nantesbuch.
Wir fahren durch eine Allee abwärts zu einer Kreuzung, an der wir nach links auf eine Kiesstraße abbiegen. Nun radeln wir auf dem Hauptweg stets geradeaus, bis er nach zwei Kilometern nach rechts zu einer Kreuzung bei einigen Häusern abknickt. Hier fahren wir auf der Kiesstraße nach rechts aufwärts zum Gutshof von Mooseurach. Anfang des 20. Jahrhunderts ließ der Erfinder Robert Bosch das Gut zu landwirtschaftlichen Musterbetrieben ausbauen.
Geradewegs wechseln wir auf die Zufahrtsstraße, die uns nach Königsdorf führt. Wir fahren geradeaus bis zur vorfahrtsberechtigen Beuerberger Straße, die rechts aufwärts zur Kirche und zu den Gasthöfen im Ortszentrum führt. Schon zur Zeit der ersten

Bei Faistenberg hat man einen wundervollen Alpenblick.

Ganz oben: Der Bibisee bietet wundervolle Badestellen.

urkundlichen Erwähnung des Ortes im 8. Jahrhundert existierte hier ein Gotteshaus, die ursprüngliche Mutterkirche für den Isarwinkel.

Vorbei am Bibisee nach Beuerberg Wir biegen unterhalb der Kirche nach links in den Carossaring ein. Das schmale Sträßchen läuft vorbei an dem Haus, in dem der Schriftsteller Hans Carossa seine Kindheit verbrachte, abwärts zu einer nahen Gabelung. Hier fahren wir nach links abwärts zur Sägstraße, der wir nach rechts folgen. Am nahen Ortsrand geht es geradewegs über die Landstraße und auf einer schmalen Teerstraße immer geradeaus bis zur B11. Wir folgen dem Radweg nur 100 Meter nach links und biegen dann nach links auf eine schmale Straße, die uns bald am Badegelände Bibisee vorbei zu einer Weggabelung vor dem Campingplatz führt.
Hier radeln wir auf dem Teersträßchen nach links und nach 500 Metern dem Radwegweiser folgend nach rechts auf einen Kiesweg. Kurz vor dem Hof von Babenstuben erreichen wir eine schmale Teerstraße, auf der wir nach links nach Oberherrenhausen radeln. Im Dorf geht es auf der Vorfahrtsstraße nach links und bald abwärts zur Loisach. Hinter der Brücke halten wir uns links, radeln aufwärts ins nahe Beuerberg und halten uns dann links zur vorfahrtsberechtigten Straße Am Pfarranger. Nach links führt ein Abstecher zum nahen Kloster von Beuerberg. Um 1120 wurde das Kloster von Beuerberg gegründet. Sehenswert sind die frühbarocke Klosterkirche und die Friedhofskirche, die Ende des 18. Jahrhunderts ihre Spätrokoko-Ausstattung erhielt.

Die Osterseen

Die Osterseen entstanden am Ende der letzten Eiszeit. Über 20 größere und kleinere Wasserflächen bilden das malerische Seenpuzzle, das bei Sonnenschein mit variierenden Grün- und Blautönen begeistert. Seit 1981 steht das Gebiet unter Naturschutz. Das Baden ist nur an einigen Uferabschnitten am 117 Hektar großen und 30 Meter tiefen Großen Ostersee erlaubt.

Über die Hügel nach Iffeldorf Für den Rückweg folgen wir in Beuerberg jedoch den Radwegweisern nach rechts. Kurz vor der Landstraße biegen wir links in die Bahnhofstraße ein und wechseln nach kurzer Fahrt geradewegs auf einen Radweg. Er quert bald die Landstraße, der wir nun noch zwei Kilometer folgen. Anschließend biegen wir nach rechts in die schmale, nach

Faistenberg ausgeschilderte Straße. Ein erster Anstieg bringt uns nach Winkel und nach einem kurzen Flachstück geht es anstrengend hinauf nach Faistenberg. An der Kreuzung im Weiler folgen wir links dem Wegweiser nach St. Heinrich und radeln auf herrlichem Panoramasträßchen aus dem Ort. An einer Gabelung im Wald halten wir uns links und überqueren bald die A95. Wir folgen jetzt immer geradewegs der breiten Forststraße, die uns abwärts bis zu einer Kreuzung am Rand der Wiesen von St. Heinrich bringt. Hier biegen wir links auf ein Teersträßchen ein und radeln an der nächsten Kreuzung nach links Richtung Schechen. Dort geht es geradeaus und an den Häusern von Sanimoor vorbei durch das Schwarzweiler Filz zu einer Vorfahrtsstraße. Auf ihr radeln wir nach rechts, geradewegs über eine Landstraße auf einen Feldweg und nach 300 Metern unter der Bahnlinie hindurch zu einem Querweg. Links geht es auf dem Hartweg zurück zum Bahnhof von Iffeldorf und rechts kann man einen Badeabstecher zum Großen Ostersee machen. Nach 500 Metern geht es an einer Schautafel geradewegs zu den schönsten Badestellen.

Ganz unten: Ein Abstecher führt zum bezaubernden Großen Ostersee.

Kloster Beuerberg wurde aufwendig restauriert.

14 Zum Kloster Benediktbeuern

Im Süden der Osterseen

Mittel | 48 km | 300 m | 4.15 Std.

Tourencharakter
Die Tour verläuft großteils auf schmalen Teerstraßen, kürzere Abschnitte auch auf unbefestigten Rad- und Wirtschaftswegen. Auf der ersten Hälfte der Tour sind einige Anstiege zu überwinden, der Rückweg von Benediktbeuern nach Iffeldorf ist wesentlich flacher.

Ausgangs-/Endpunkt
Iffeldorf, Bahnhof

GPS-Koordinaten
47.7826, 11.3291

Anfahrt
Bahn: Iffeldorf liegt an der Bahnstrecke, die von München über Tutzing nach Kochel führt.
Auto: Iffeldorf liegt unweit der Ausfahrt Penzberg/Iffeldorf nahe der A95.

Einkehr
Am Eitzenberger Weiher (Kiosk), in Reindelschmiede, Ramsau, Bad Heilbrunn, Benediktbeuern, Sindelsdorf, Habach und Iffeldorf

Badeplätze
Am Eitzenberger Weiher und an den Osterseen

Sehenswürdigkeiten
Das Kloster Benediktbeuern und die Kirchen in Iffeldorf

Information
Touristinfo Iffeldorf, Tel. 08856/ 90 19 92 14, iffeldorf.de

Von Iffeldorf radeln wir in weitem Bogen über eiszeitliche Moränen und durch stille Moore zum beeindruckenden Kloster Benediktbeuern. Zum Abschluss begeistert das blau und grün schimmernde Seenpuzzle der Osterseen jeden Naturfreund.

Durchs Hügelland nach Bad Heilbrunn Vom Bahnhof Iffeldorf radeln wir auf der Bahnhofstraße nach rechts Richtung Osterseen. Kurz nach dem Gut Staltach geht es nach rechts durch die schmale Bahnunterführung und bald geradewegs über die Landstraße. An der nächsten Gabelung folgen wir geradeaus den Radwegweisern Richtung Bad Tölz. Wir halten uns auf dem Hauptweg rechts, radeln durch das Gelände des Golfclubs Sankt Eurach und dann geradewegs durch den Wald. Wir überqueren die A95 und treffen an den Eitzenberger Weihern auf ein schma-

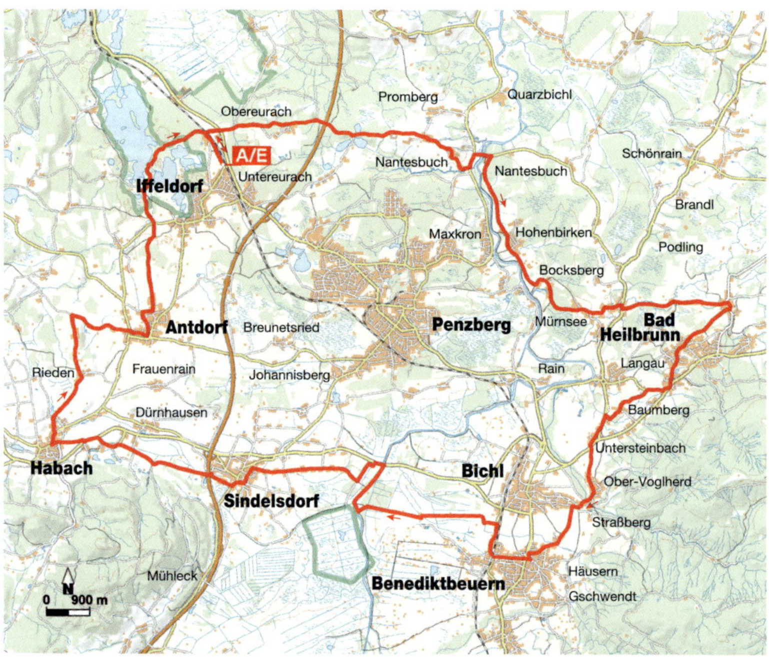

Zum Schluss lockt ein Bad im Ostersee.

les Sträßchen. Auf ihm geht es nach links über den Weiler Oberhof nach Nantesbuch und abwärts zur Landstraße im Loisachtal. Wir folgen dem Radweg nach links und biegen nach 300 Metern rechts in eine Nebenstraße ein. Nach kurzer Fahrt halten wir uns an der Kreuzung nach der Loisachbrücke rechts und radeln über Hohenbirken und den Weiler Mürnsee zum Gasthof Reindlschmiede.

Hier fahren wir an der B 11 entlang nach rechts, nach 150 Metern nach links über die Bundesstraße und auf schmaler Nebenstraße nach Ramsau. An der Kreuzung im Weiler biegen wir rechts ab, halten uns nach 200 Metern wieder rechts und fahren geradewegs an einem Gehöft vorbei auf ein Sträßchen, das uns über Wiesen zum Ortsrand von Bad Heilbrunn führt. Hier halten wir uns links, gelangen zur Badstraße hinauf und fahren auf ihr nach rechts geradewegs durch den Ort hinab zur B 472.

Zum Kloster Benediktbeuern Wir fahren vor der Bundesstraße kurz nach rechts und biegen dann rechts in die Bahnhofstraße ein. An ihrem Ende geht es nach rechts auf einen Radweg und

Der gemütliche Gasthof in Ramsau bei Bad Heilbrunn

Ganz oben: Auf einem stillen Weg bei Benediktbeuern

nach 300 Metern nach links über die Straße. Auf schmalem Sträßchen gelangen wir in den Weiler Baumberg und radeln dort rechts abwärts zur B 11. Wir fahren jenseits auf dem Radweg nach links und durch das nahe Untersteinbach zur B 472. Hier geht es unter der Bundesstraße hindurch zu einer Nebenstraße, die uns über Obersteinbach zum Ortsrand von Bichl bringt. 300 Meter nach der Brücke über den Steinbach biegen wir links in den Sommerkellerweg ein, der uns geradewegs nach Benediktbeuern führt. Kurz vor der B 11 fahren wir nach links auf der Tölzer Straße zum nahen Dorfplatz. Wir radeln nach rechts über die Bundesstraße in die Bahnhofstraße, die uns zum Kloster Benediktbeuern bringt. Das im 8. Jahrhundert gegründete Kloster besticht vor allem mit seiner barocken Klosterkirche und der in prunkvollem Rokoko ausgestatteten Anastasiakapelle.

Zurück nach Iffeldorf Vor dem Kloster folgen wir der nach rechts abknickenden Vorfahrtsstraße und biegen nach kurzer Fahrt links in die Don-Bosco-Straße ein. Am Ende des Klosterkomplexes halten wir uns rechts und fahren dann auf einem breiten Kiesweg und durchwegs auf dem Hauptweg bis zu einer Kreuzung vor der Loisach. Wir radeln nach rechts auf dem Uferweg zur Loisachbrücke, auf dieser nach links über den Fluss und biegen bei nächster Gelegenheit links in ein schmales Sträßchen ein. An der nächsten Kreuzung halten wir uns rechts und radeln geradewegs nach Sindelsdorf. Im Dorf geht es auf der Königsbergstraße nach links und nach 400 Metern nach rechts auf der Kirchsteinstraße zur Hauptstraße. Auf ihr fahren wir kurz nach links und am Ortsende nach rechts in einen geteerten Feldweg. An der nächsten Kreuzung radeln wir nach links unter der A95 hindurch und biegen an der Gabelung unmittelbar nach der Autobahn rechts ab. Nach einem Kilometer knickt das Sträßchen links ab und wir erreichen eine Kreuzung, an der wir uns rechts halten. Auf dem Wirtschaftssträßchen geht es einen Kilometer geradeaus und an seinem Ende auf der Querstraße nach links. Nach 300 Metern fahren wir nach rechts und halten uns vor der nahen B472 links. An der nächsten Kreuzung geht es nach rechts unter der Bundesstraße hindurch zu einem Kreisverkehr und dort halten wir uns links nach Habach hinauf.

Am Ortsrand fahren wir nach rechts in eine schmale Alleestraße und dann nach links zur Landstraße. Wenige Meter geht es nach rechts und dann nach links in die Straße Koppenbergweiher. Vor dem Weiher biegen wir rechts ab und im Weiler Rieden halten wir uns links. Kurz nach Obersiffelhofen knickt unser Weg scharf nach rechts ab. In Antdorf geht es geradewegs über eine Vorfahrtsstraße und aufwärts zum Kirchplatz. Hier radeln wir nach links in die Lindenstraße, am Sportplatz nach rechts zu einer Querstraße und auf ihr nach links aus dem Dorf hinaus. Nun geht es immer geradeaus, bis wir nach einer holprigen Abfahrt bei Iffeldorf auf eine Querstraße treffen. Geradeaus lohnt ein Abstecher zum Großen Ostersee. Wir folgen jedoch der Straße nach rechts ins nahe Iffeldorf. Wir wechseln geradewegs auf die Hauptstraße und biegen nach 300 Metern links in die Osterseenstraße. An einer Gabelung fahren wir nach rechts weiter auf der Osterseenstraße, die bald in die Maffeistraße übergeht. Nach dem Sportplatz wechseln wir auf einen schmalen Weg, der bald nach rechts knickt und uns zu einer Straße bringt. Auf ihr geht es zurück zum nahen Bahnhof Iffeldorf.

Iffeldorf

Im 17. Jahrhundert erwarb das für seine Barockkünstler berühmte Kloster Wessobrunn den Ort. 1707 wurde die Pfarrkirche St. Vitus geweiht, die von ausgezeichneten Wessobrunner Künstlern prunkvoll ausgestattet wurde. Auf einem Hügel über dem Dorf erbaute Johann Schmutzer um 1700 die eigenwillige Heuwinkelkapelle mit wertvoller Rokoko-Ausstattung.

Blick über die Buckelwiesen zum Karwendelgebirge (Tour 24)

Pfaffenwinkel und Werdenfelser Land

15 Von Weilheim zu den Osterseen

Durch das stille Oberbayern

Schwer | 49 km | 460 m | 4.30 Std.

Tourencharakter
Die Tour verläuft durchgehend auf verkehrsfreien, teils unbefestigten Wegen oder auf verkehrsarmen Nebenstraßen. Verteilt auf die gesamte Strecke sind zahlreiche Anstiege zu überwinden.

Ausgangs-/Endpunkt
Weilheim, Bahnhof

GPS-Koordinaten
47.8451, 11.1435

Anfahrt
Bahn: Weilheim liegt am Kreuzungspunkt der Bahnlinie von München nach Garmisch mit der Linie, die von Augsburg nach Schongau führt.
Auto: A95/A952 und B2 nach Weilheim

Einkehr
In Polling, Antdorf, Magnetsried und Weilheim

Badeplätze
Am Ettinger Weiher und am Großen Ostersee

Sehenswürdigkeiten
Die Klosterkirche in Polling, die Kirchen bei Etting und in Iffeldorf und die Altstadt von Weilheim

Information
Touristinfo Weilheim, Tel. 0881/6825303 und 5201, weilheim.de

Zwischen Weilheim und den viel besuchten Osterseen kann man abseits ausgetretener Touristenpfade die oberbayerische Bilderbuchlandschaft erkunden. Am Weg liegen alte Klöster, malerische Kirchen, einsame Moore und verlockende Badeseen.

Zur Wallfahrtskirche St. Andrä Vom Bahnhof Weilheim fahren wir auf der Bahnhofstraße nach rechts zur Münchner Straße. Auf ihr radeln wir kurz nach rechts, dann nach links in die Krumpperstraße und bald nach rechts in die Schöffelhuberstraße. An ihrem Ende geht es kurz nach rechts und anschließend nach links auf der Vötterlgasse zur Eisenkramergasse, der wir nach links folgen. An ihrem Ende biegen wir in die schmale Buxbaumgasse ein, die uns ins Zentrum der Altstadt von Weilheim bringt. Wir folgen den Radwegweisern, die uns geradewegs durch die Stadt und dann über die Felder nach Polling führen. Dort fahren wir auf der Hauptstraße nach links zur Kreuzung, an der die Vorfahrtsstraße nach rechts zur sehenswerten Klosterkirche abknickt.

Wir fahren geradeaus und biegen am Ortsrand nach links in die Obermühlstraße ab. Nach 400 Metern weist uns der Radwegweiser nach rechts auf ein schmales Sträßchen. Jetzt geht es stets geradeaus, vorbei am Ettinger Weiher und über einen Hügel nach Etting. Hier radeln wir rechts an der Kirche vorbei in die Bergstraße, fahren geradewegs über die B2 und an der folgenden Kreuzung nach rechts. Danach geht es über eine Straße geradewegs zur herrlich gelegenen barocken Wallfahrtskirche St. Andrä.

Zu den Osterseen Wir fahren rechts an der Kirche vorbei abwärts zu einer Kreuzung, an der wir scharf nach links abbiegen. Bei nächster Gelegenheit radeln wir rechts auf einen Kiesweg und über einen Hügel zu einer schmalen Teerstraße. Auf ihr geht es nach rechts und bald geradewegs auf einen Kiesweg. Nach

Der Marienplatz in Weilheim bezaubert mit mediterranem Flair.

einem kurzen Waldstück halten wir uns an einer Kreuzung links und folgen dem Kiesweg, der uns am Waldrand entlang zu einer schmalen Teerstraße führt. Auf ihr fahren wir scharf nach links, 200 Meter steil aufwärts und weiter zu einer Wegkreuzung. Dort biegen wir links ab und gelangen durch ein Tal zum Weiler Egenried. Geradeaus geht es über die Vorfahrtsstraße und auf schmaler Straße zum Pollinger Weiher. An der Kreuzung biegen wir nach links auf eine Forststraße ein, die uns zu einem Quersträßchen bringt. Kurz fahren wir nach links, dann nach rechts abwärts und an der Gabelung vor Obersiffenhofen links nach Antdorf. Hier geht es geradewegs über eine Vorfahrtsstraße und aufwärts zum Kirchplatz. Wir biegen nach links in die Lindenstraße ein, fahren am Sportplatz nach rechts zu einer Querstraße und auf ihr nach links aus dem Dorf. Nun geht es permanent geradeaus, bis wir nach einer holprigen Abfahrt bei Iffeldorf auf eine Querstraße treffen. Nach rechts kann man einen Abstecher ins nahe Iffeldorf unternehmen. Wir fahren jedoch geradeaus und erreichen nach 700 Metern eine Informationstafel, an der nach rechts ein schmaler Weg zur herrlichen Badestelle am Großen Ostersee führt (eineinhalb Kilometer Umweg).

Weilheim

Weilheim entwickelte sich im Mittelalter zum zentralen Versorgungsort für die zahlreichen Klöster in der Umgebung. Die gute Stube der Altstadt von Weilheim ist der Marienplatz, der mit seinen bunten Hausfassaden und den Straßencafés ein fast südländisches Flair verströmt. Beherrschendes Bauwerk ist die mächtige Pfarrkirche, die am Übergang von der Gotik zum Barock entstand.

Im Ettinger Weiher spiegelt sich der Himmel.

Über die Hügel nach Weilheim Wir folgen weiterhin dem Sträßchen und biegen vor dem Gut Schwaig nach rechts auf einen Wirtschaftsweg ein. Auf dem teils etwas holprigen Weg geht es im Auf und Ab nach Unterlauterbach, dort auf der Straße kurz nach links aufwärts und dann nach rechts auf eine Forststraße. Wir radeln geradewegs bis kurz vor Ellmann und folgen dann den Radwegweisern nach links aufwärts Richtung Hohenkasten. Auf Höhe des Hofes Tradfranz fahren wir rechts am Rand der Wiesen entlang und erreichen eine Gabelung, an der wir uns rechts halten. Vorbei am Weiler Eichendorf erreichen wir eine Vorfahrtsstraße, die geradewegs überquert wird. Wir folgen einer schmalen Straße und biegen nach einem Kilometer nach rechts Richtung Wolfetsried ab. Dort geht es an der Gabelung nach links und nach 800 Metern auf einer Querstraße wieder nach links. Nach einem Anstieg treffen wir in Magnetsried auf die Landstraße, die geradewegs überquert wird.

Wir radeln sanft aufwärts zu einer Weggabelung am Ortsrand und folgen den Radwegweisern nach rechts. An der nächsten Gabelung halten wir uns links und folgen dem aussichtsreichen Weg, der uns durch das Magnetsrieder Hardt, das als Kreuzotter-

schutzgebiet ausgewiesen ist, zur Hardtkapelle führt. Hier treffen wir auf eine schmale Teerstraße, der wir nach links folgen. Wir radeln geradewegs durch das Hügelland und erreichen nach einer schwungvollen Abfahrt den Stadtrand von Weilheim. Hier überqueren wir geradewegs die Ringstraße und radeln auf der Hardtkapellenstraße zur Römerstraße. Auf der Radlerspur geht es nach links und nach 300 Metern nach rechts in die Straße Am Betberg. Vor dem Friedhof knickt die Radspur kurz nach links ab und führt danach nach rechts auf der Krumpperstraße zur B2, die geradewegs überquert wird. An der nächsten Kreuzung treffen wir auf den morgendlichen Hinweg. Nach links geht es zur Altstadt von Weilheim, geradeaus auf bekanntem Weg zurück zum Bahnhof.

Einsam und aussichtsreich liegt bei Etting die Kirche St. Andrä.

Ganz oben: Am Großen Ostersee

16 Von Weilheim zum Staffelsee

Im Herzen des Pfaffenwinkels

Mittel | 45 km | 230 m | 3.45 Std.

Tourencharakter
Der Runde verläuft großteils auf geteerten Nebenstraßen und teils unbefestigten Wirtschaftswegen. Die Tour führt in meist sanftem Auf und Ab durch die Voralpenlandschaft. Etwas längere, aber nicht allzu fordernde Anstiege gibt es zu Beginn der Tour nach Etting und kurz vor Ende nach Berg.

Ausgangs-/Endpunkt
Weilheim, Bahnhof

GPS-Koordinaten
47.8451, 11.1435

Anfahrt
Bahn: Weilheim liegt am Kreuzungspunkt der Bahnlinie von München nach Garmisch mit der Linie, die von Augsburg nach Schongau führt. Auto: Vom Autobahnkreuz Starnberg an der A95 ist Weilheim über die A952 und die B2 zu erreichen.

Einkehr
In Weilheim, Uffing, Huglfing und Polling

Badeplätze
In Uffing am Staffelsee

Sehenswürdigkeiten
Die Klosterkirche in Polling und die Altstadt von Weilheim

Information
Touristinfo Weilheim, Tel. 0881/6825303 und 5201, weilheim.de

Die Tour führt uns vom malerischen Weilheim durch aussichtsreiches Hügelland auf die Alpen zu. Umkehrpunkt ist der Staffelsee und kurz vor Ende der Tour bietet die herrliche Klosterkirche von Polling den kulturellen Höhepunkt unserer Radrunde.

Zur Wallfahrtskirche St. Andrä Vom Bahnhof Weilheim fahren wir auf der Bahnhofstraße nach rechts zur Münchner Straße. Auf ihr geht es kurz nach rechts, dann nach links in die Krumpperstraße und bald nach rechts in die Schöffelhuberstraße. An ihrem Ende fahren wir kurz nach rechts und anschließend nach links auf der Vötterlgasse zur Eisenkramergasse, der wir nach links folgen. An ihrem Ende biegen wir in die schmale Buxbaumgasse ein, die uns ins Zentrum der Altstadt von Weilheim bringt. Wir folgen den Radwegweisern, die uns geradewegs durch die Alt-

Die wundervoll gelegene Wallfahrtskirche St. Andrä

Linke Seite: Wassily Kandinsky verewigte diese Weilheimer Häuserzeile auf einem Gemälde.

stadt führen. Nach der Stadtmauer radeln wir nach links über einen Parkplatz zur B2, die wir überqueren. Nun fahren wir auf der Johann-Bauer-Straße geradeaus, biegen an ihrem Ende nach rechts in die Steinstraße ein und nach 200 Metern nach links in die Sonnwendstraße ab. Nach kurzer Fahrt wechseln wir geradewegs auf die Angermaierstraße, die uns direkt bis zum Stadtrand bringt.

Jetzt geht es geradewegs an einer Fischzucht vorbei und bald nach links auf einen schmalen Weg, der uns zu einem Teersträßchen bringt. Auf ihm radeln wir rechts aufwärts und biegen an einer Gabelung nach links ab. An einer weiteren Gabelung im Wald halten wir uns links und erreichen bald die Wiesen von Etting. Bei der ersten Wegkreuzung fahren wir geradeaus, an der nächsten Gabelung nach rechts und an der folgenden Kreuzung nach links zu einem Hof hinauf. An den nächsten Kreuzungen halten wir uns immer geradeaus und gelangen so zur aussichtsreich gelegenen barocken Wallfahrtskirche St. Andrä.

Linke Seite: Die mächtige Klosterkirche überragt das Dorf Polling.

Zum Staffelsee Wir fahren rechts an der Kirche vorbei und lassen die Räder abwärts zu einer Querstraße rollen. Auf dem Teersträßchen geht es scharf nach links, bei nächster Gelegenheit nach rechts auf einen Kiesweg und geradewegs zu einer schmalen Teerstraße. Auf ihr fahren wir nach rechts, bald geradewegs auf einen Feldweg und an einer Wegkreuzung nach einem kurzen Waldstück nach links. Der Wirtschaftsweg knickt nach wenigen Metern nach rechts ab und geht schließlich in eine schmale Teerstraße über, die uns nach Untersöchering führt. Wir radeln auf der Kirchstraße geradewegs durch das Dorf, biegen an der Kreuzung nach der Kirche nach rechts ab und stoßen nach kurzer Fahrt auf die Ortsdurchfahrtsstraße. Auf ihr geht es nach links und nach wenigen Metern geradewegs auf eine schmale Straße. An einer nahen Gabelung folgen wir geradewegs dem linken Ast und radeln im Zickzack über die Felder. Nach 250 Metern schwenken wir nach links auf eine Querstraße, die nach kurzer Strecke nach rechts abknickt. An der nächsten Kreuzung neben einem Aussiedlerhof halten wir uns wiederum links und fahren auf der Untergasse geradewegs in das nahe Obersöchering. Im Dorf knickt die Straße nach rechts ab und bringt uns zu einer Vorfahrtsstraße, die wir überqueren.

Wir folgen geradewegs der Hofheimer Straße und treffen am Ortsrand von Hofheim auf eine Vorfahrtsstraße. Auf ihr geht es nach rechts und dann wieder nach rechts in die Waltersberger Straße. Wir fahren geradewegs zur B2, die wir vorsichtig überqueren. Eine schmale Straße führt uns durch das nahe Dörfchen Waltersberg und bis kurz vor die Bahnlinie München–Garmisch. Vor der Unterführung biegen wir nach rechts in das Sträßchen

Die Klosterkirche in Polling begeistert mit prachtvoller Ausstattung.

ein, das an der Bahnlinie entlangläuft. An der nächsten Gabelung wechseln wir geradewegs auf den Kiesweg, der an den Gleisen entlangführt. Vor den ersten Häusern von Uffing können wir schließlich nach links die Bahngleise überqueren. Wir folgen der Straße abwärts zur breiten Murnauer Straße, auf der wir nach rechts radeln. Nach kurzer Fahrt kann man nach links einen Abstecher hinab zum Strandbad und zum Seerestaurant Alpenblick unternehmen.

Zum Klosterdorf und zur Altstadt An der Kreuzung im Ortszentrum von Uffing folgen wir der Hauptstraße nach rechts aufwärts und fahren nach 200 Metern nach links in die Hechenrainer Straße. Nach kurzer Fahrt biegen wir nach rechts in die Schöngrubstraße ein, die uns geradewegs aus dem Ort führt. An der Kreuzung auf den Feldern fahren wir geradeaus und halten uns kurz darauf an der Weggabelung beim Wackerer-Hof links. Nach zweieinhalb Kilometern endet das Sträßchen an einer Querstraße, der wir nach rechts folgen. Nach einem Anstieg erreichen wir nach der Bahnlinie eine Kreuzung. Wir halten uns links und lassen die Räder geradewegs abwärts zum Gewerbegebiet Auwiese rollen. Hier fahren wir auf einer Straße und dann auf einem Radweg geradeaus zur Kreisstraße. Der Radweg leitet uns zunächst links und bald rechts der Straße zum Ortsrand von Huglfing. Dort überqueren wir die B 472 und radeln auf der

Hauptstraße Richtung Ortszentrum. Wir biegen bei erster Gelegenheit nach rechts in die Ringstraße ein und fahren nach wenigen Metern links in die St.-Johann-Straße. Sie leitet uns an der Kirche vorbei durch das Dorf. Am Ortsrand folgen wir ihr unterhalb der Kirche St. Johann nach links bis zu ihrem Ende an einer Straßengabelung. Hier halten wir uns links, fahren auf der Alpenstraße aufwärts, biegen bei nächster Gelegenheit nach rechts in die Berger Straße ab und fahren dann nach kurzer Fahrt nach links auf der Heimgartenstraße aus dem Ort. Auf der schmalen Straße radeln wir zu einer Straßengabelung kurz vor den ersten Häusern von Berg.

Wir halten uns rechts und biegen nach kurzer Fahrt scharf rechts in ein schmales Sträßchen ein. An der nächsten Kreuzung neben einem kleinen Teich schwenken wir nach links und lassen die Räder auf recht steilem Sträßchen durch den Wald ins Tal des Rettenbaches hinabrollen. Wir treffen auf eine Querstraße, folgen ihr nach rechts über den Bach und biegen an der anderen Talseite nach links auf eine schmale Teerstraße ein. Sie führt uns durch das beschauliche Tal zum Ortsrand von Polling. Hinter einem Brückchen folgen wir der Querstraße nach links und biegen nach 400 Metern rechts auf die Hofmarkstraße ab, die uns geradewegs zu einer Kreuzung im Ortszentrum von Polling bringt. Ein Abstecher nach links führt hier nach wenigen Metern zur alten Klosterwirtschaft und zum ehemaligen Kloster mit der sehenswerten Kirche.

Wir wechseln an der Kreuzung jedoch geradewegs auf die Hauptstraße, die uns rechts am ehemaligen Kloster vorbeiführt. Nach der Wirtschaft Neuwirt biegen wir nach rechts in den Prälatenweg ein und folgen ihm bis zu einem Wegkreuz am Ortsrand. Wir halten uns links und radeln auf dem geteerten Weg über die Wiesen und unter einer Umgehungsstraße hindurch geradeaus nach Weilheim. Der Beschilderung folgend geht es nun geradewegs bis in die Altstadt und dann auf bekanntem Weg zurück zum Bahnhof Weilheim.

Polling

Um das Jahr 750 wurde das Kloster Polling gegründet und gehörte bald zu den reichsten Abteien in weitem Umkreis. Die Klosterkirche begeistert mit ihrer prunkvollen Rokoko-Ausstattung. Zu den wertvollsten Kunstwerken zählen das romanische Tassilo-Kreuz und eine spätgotische Madonna. Die prunkvolle barocke Klosterbibliothek ist nur nach Voranmeldung zu besichtigen (weitere Infos unter bibliothekssaal.de).

17 Rund um das Tal der Ammer

Altstadtromantik und Hightech

Leicht	37 km	100 m	3 Std.

Tourencharakter
Die Tour verläuft auf Nebenstraßen und gut zu befahrenden Wegen und weist nur zwischen Peißenberg und Zellsee einige harmlose Anstiege auf.

Ausgangs-/Endpunkt
Raisting, Bahnhof

GPS-Koordinaten
47.9118, 11.1142

Anfahrt
Bahn: Raisting liegt an der Bahnlinie, die von Augsburg über Geltendorf und Weilheim nach Schongau führt. Auto: Von der Ausfahrt Greifenberg an der A96 über die St2055 über Dießen am Ammersee nach Raisting. Oder vom Ende der A952 in Starnberg über die B2 bis kurz vor Weilheim und dann rechts nach Raisting.

Einkehr
In Weilheim, Oderding, Paterzell, Stillern und Raisting

Badeplätze
Am Raistinger Baggersee und an der Ammer

Sehenswürdigkeiten
Die Erdfunkstelle Raisting, die Altstadt Weilheim und der Eibenwald Paterzell

Information
Touristinfo Weilheim, Tel. 0881/6825303 und 5201, weilheim.de

In Raisting mit seiner futuristischen Erdfunkstelle starten wir unsere Runde durch das ländliche Oberbayern. Sie führt uns im Bogen durch die stillen Täler von Ammer und Rott. Ein Abstecher bringt uns in die hübsche Altstadt von Weilheim.

Durchs Ammertal nach Weilheim Vom Bahnhof Raisting radeln wir nach links auf schmalem Weg über die nahe Eisenbahnbrücke und an den Gleisen entlang geradewegs auf eine Vorfahrtsstraße. Nach wenigen Metern halten wir uns an der Straßengabelung rechts und fahren am Badesee von Raisting vorbei zum weithin sichtbaren Radom. Wir folgen geradewegs der Straße zur kleinen, aussichtsreichen Wallfahrtskirche St. Johann. Nach einem Blick in das Kirchlein lassen wir die Räder einen kurzen Berg hinabrollen. An der nächsten Kreuzung geht es auf dem

Teersträßchen nach links und an der folgenden geradeaus zur Bahnlinie. Wir halten uns rechts und erreichen eine Kreuzung, an der wir nach links über die Ammer radeln. 200 Meter nach der Brücke folgen wir den Radwegweisern nach rechts auf den Ammerdamm. Nun bleiben wir immer auf dem östlichen Dammweg und erreichen nach viereinhalb Kilometern die Ammerbrücke in Weilheim, unter der wir durchradeln.

Nach weiteren 500 Metern erreichen wir eine Radlerbrücke, an der unser Weg später über den Fluss führt. Davor leisten wir uns aber noch einen Abstecher in die sehenswerte Altstadt von Weilheim. Wir biegen nach links in den schmalen Badeweg ein, queren eine Straße und radeln unter der Bahnlinie hindurch zur Schwaigerstraße. Wenige Meter geht es nach links und dann nach rechts zum Altstadtring, über den wir schräg rechts zum Theaterplatz radeln. An seinem Ende radeln wir auf der schmalen Theatergasse zur Pöltnerstraße, die uns nach links zum Kirchplatz führt. Geradewegs geht es an der Stadtkirche vorbei zum nahen Marienplatz, der guten Stube im Herzen der Altstadt von Weilheim.

Linke Seite: Südlich von Raisting führt der Weg am Johanneskirchlein vorbei.

Ganz unten: Hightech im Alpenvorland – die Erdfunkstelle bei Raisting

In Raisting brüten dutzende Storchenpaare.

Zum Eibenwald von Paterzell Vom Marienplatz kehren wir nach einer Rast auf gleichem Weg zur Radlerbrücke zurück, auf der wir die Ammer überqueren. Jenseits folgen wir dem Dammweg nach links, radeln unter der Eisenbahnbrücke hindurch und wechseln nach einem Kilometer auf eine schmale Teerstraße, die uns geradewegs nach Oderding führt. An der ersten Kreuzung fahren wir nach rechts in die Unterdorfstraße und geradewegs zu einer Kreuzung außerhalb des Dorfes. Hier geht es nach links und auf einem geteerten Weg immer geradeaus, bis wir kurz vor Peißenberg einen Querweg erreichen. An dieser Stelle fahren wir nach rechts und gelangen am Fuß eines Wiesenhügels zum Ortsrand von Peißenberg.

Wir folgen der Vorfahrtsstraße nach rechts hinauf und überqueren am Haltepunkt Peißenberg Nord die Bahnlinie. An der Kreuzung nach den Gleisen geht es nach rechts auf der untergeordneten Straße über einen aussichtsreichen Höhenrücken. Nach zweieinhalb Kilometern fahren wir geradewegs durch den Weiler Kugelsbühl und auf schmalem Sträßchen durch Wald und über Wiesen abwärts. Vor dem Segelfluggelände Paterzell biegen wir nach rechts auf einen Kiesweg ab und fahren dann auf dem geteerten Quersträßchen nach links zu einer Wegkreuzung an der Moosmühle. Wir halten uns rechts und radeln auf einem Wirtschaftsweg sanft ansteigend zu einer weiteren Wegkreuzung, an der wir nach

Erdfunkstelle Raisting

Die Erdfunkstelle Raisting ist die weltweit größte ihrer Art. Die enormen Satellitenschüsseln weisen Spiegeldurchmesser von bis zu 32 Meter auf. Als erste Anlage wurde in den 1960er-Jahren das von einer Schutzhülle umgebene Radom erbaut. Im heute stillgelegten Radom, das unter Denkmalschutz steht, ist ein kleines Museum untergebracht.

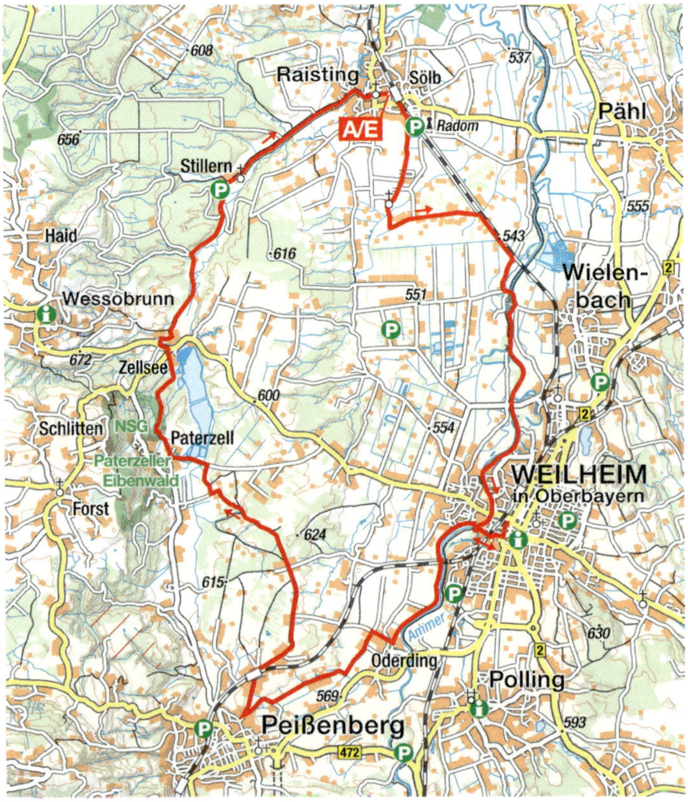

rechts zum nahen Eibenwald von Paterzell fahren. Mit 2300 Bäumen, die verstreut in einem 90 Hektar großen Wald wachsen, bietet der unter Naturschutz stehende Wald von Paterzell einen der größten Eibenbestände in Deutschland. Man kann den Wald mit seinen teilweise jahrhundertealten Eiben, denen magische Kräfte zugeschrieben werden, auf einem Eibenlehrpfad erkunden.

Durchs Tal der Rott nach Raisting Wir folgen aber geradewegs dem Hauptweg, der uns zu einer Straße am Zellsee-Hof bringt. Kurz radeln wir nach rechts und vor der Kreuzung fahren wir nach links zu einer Unterführung, die unter der Landstraße hindurchführt. Jenseits geht es auf dem Radweg kurz nach links und dann nach rechts in eine schmale Nebenstraße. Sie führt uns durch das idyllische Tal der Rott, vorbei am Biohof-Biergarten im malerischen Weiler Stillern, nach Raisting. Wir radeln geradewegs zur Pfarrkirche, überqueren die Hauptstraße und erreichen auf dem Kirchenweg die Bahnlinie und den rechts gelegenen Bahnhof Raisting.

Vom Tal der Rott geht der Blick zur Zugspitze.

18 Im Blauen Land

Seen im Herzen des Pfaffenwinkels

Schwer | 42 km | 400 m | 3.45 Std.

Tourencharakter
Die Tour führt in meist sanftem Auf und Ab durch die hügelige Voralpenlandschaft. Die wenigen steileren Anstiege sind nur kurz. Sie verläuft großteils auf geteerten Nebenstraßen. Kürzere Abschnitte führen über unbefestigte, aber gut zu befahrende Wirtschaftswege.

Ausgangs-/Endpunkt
Murnau, Bahnhof

GPS-Koordinaten
47.6823, 11.1933

Anfahrt
Bahn: Murnau liegt an der Bahnlinie München–Garmisch. Auto: Murnau liegt an der B2 und ist über verschiedene Ausfahrten von der A95 zu erreichen.

Einkehr
In Uffing, Tauting, Obersöchering, Riegsee und Murnau

Badeplätze
Am Staffelsee in Uffing und Murnau, am Badsee bei Obersöchering, am Riegsee und am Froschhauser See

Sehenswürdigkeiten
Die Museen in Murnau

Information
Touristinfo Murnau, Tel. 08841/61410, ammergauer-alpen.de

Unsere Tour führt uns an Seen und Weihern vorbei durch stilles, aussichtsreiches Hügelland. Zahlreiche Badestellen locken zu ausgedehnten Pausen und zum Abschluss bietet Murnau mit seinen Museen ein abwechslungsreiches Alternativprogramm.

Großer Staffelsee und zahllose Teiche

Vor dem Bahnhof von Murnau folgen wir nach links dem Radweg, der am Parkplatz entlang zur Seehauser Straße führt. Wir überqueren die Straße und biegen jenseits nach links in die Römerstraße ein. Wir halten uns stets links und folgen der Bahnlinie bis zum Ortsrand von Uffing. Hier geht es links über die Bahnstrecke und abwärts zur breiten Landstraße, auf der wir nach rechts ins Ortzentrum radeln. Nach kurzer Fahrt kann man nach links einen Abstecher hinab zum Strandbad am Staffelsee und zum Seerestaurant Alpenblick unternehmen.

Im Ortszentrum von Uffing folgen wir der vorfahrtsberechtigten Hauptstraße nach rechts aufwärts. Nach gut 200 Metern fahren wir nach links in die Hechenrainer Straße. An einer Gabelung folgen wir ihr nach rechts und biegen nach kurzer Fahrt rechts in die Schöngrubstraße ein. An der Kreuzung geht es auf den Feldern geradeaus und kurz darauf an der Weggabelung nach

Im Frühjahr sind die nahen Berge noch schneebedeckt.

links. Nach zweieinhalb Kilometern trifft das Sträßchen auf eine Querstraße. Auf ihr radeln wir nach rechts und nach dem Bahnübergang geht es an der Wegkreuzung geradeaus. Durch ein Wäldchen und über Wiesen gelangen wir zu einer Kreuzung und fahren nach links über einen Hügel und die Kreisstraße geradewegs nach Tauting.
Wir radeln in das Dorf und folgen einer Vorfahrtsstraße nach links. Kurz vor dem Ortsende fahren wir nach links in einen geteerten Feldweg, bald über die B2 und geradewegs über einen Hügel und durch eine Talmulde nach Norden. An einer Kreuzung vor einem Wäldchen biegen wir nach rechts auf eine Kiesstraße ein, die am Waldrand entlang nach Süden läuft. Sie geht in ein Teersträßchen über, dem wir nach Untersöchering folgen.

Am Hof von Reinthal gibt es ein Café und ein kleines Museum.

Kurz vor dem Dorf fahren wir an einer Kreuzung nach links aufwärts und am Waldrand nach rechts. Wir folgen der schmalen Straße bis wenige Meter vor der Kreisstraße. Hier biegen wir nach links in ein schmales Sträßchen ein, das auf die Kreisstraße trifft. Auf ihr geht es links hinauf nach Egenried und kurz nach dem Kirchlein folgen wir den Radwegweisern Richtung Antdorf nach rechts. Wir radeln geradewegs auf schmaler Teerstraße zum Pollinger Weiher. Hier erreichen wir eine Kreuzung, an der wir uns links Richtung Hachtsee halten. Das Sträßchen führt uns am Gut Hachtsee vorbei abwärts zu einer Kreuzung. Bevor wir unseren Weg nach rechts Richtung Obersöchering fortsetzen, gönnen wir uns einen Abstecher nach links zum eigenwilligen Hof von Reinthal. Dort gibt es ein kleines Bauernhofmuseum und ein Hofcafé.

Anschließend radeln wir zurück zur Kreuzung und folgen geradewegs der schmalen Straße. 300 Meter bevor wir auf die Bundesstraße treffen, biegen wir nach rechts auf ein Sträßchen ein. An einer ersten Kreuzung fahren wir geradeaus und dann nach einer Kapelle nach links. Wir radeln nun geradeaus bis zum Ortsrand von Obersöchering. Vor dem Sportplatz geht es nach rechts auf eine schmale Straße und nach 500 Metern nach links in ein Sträßchen, das uns an der Badestelle am Badsee vorbei nach Obersöchering hineinführt. Hier fahren wir auf der Vorfahrtsstraße wenige Meter nach links und dann nach rechts zur Hauptstraße. Wir folgen ihr nach links bis zur Kirche und biegen dort nach rechts auf den Kirchplatz ab. Nach einer kurzen Abfahrt folgen wir den Radwegweisern Richtung Murnau nach links in die Hofheimer Straße.

Blaues Land – Künstlerland

Blaues Land heißt die Landschaft bei Murnau dank ihrer wundervollen Lichtstimmung. Anfang des 20. Jahrhunderts ließen sich hier Maler wie Wassily Kandinsky, Gabriele Münter oder Alexej Jawlensky nieder. In Murnau kann man im Münterhaus und im Schlossmuseum die farbenfrohen Werke der expressionistischen Maler bewundern.

Vorbei am Riegsee nach Murnau Wir radeln unter der Bundesstraße hindurch und treffen am Ortsrand von Hofheim auf eine Vorfahrtsstraße. Auf ihr geht es nach links hinab, geradewegs über die Landstraße und bald nach rechts auf einen Feldweg, der am Riegsee vorbei in den Ort Riegsee führt. Hier fahren wir auf der Hauptstraße nach rechts durch den Ort und gelangen am Ortsende links auf den Radweg, auf dem wir ins Dörfchen Froschhausen radeln. Am Ortsende biegen wir nach links auf eine schmale Teerstraße ab. Auf ihr geht es über die Wiesen zu einer Kreuzung, an der wir nach rechts auf ein Sträßchen abbiegen. Es führt schnurgerade über die Wiesen aufwärts zum Murnauer Ortsteil Weindorf. Wir stoßen auf eine breite Querstraße, folgen ihr nach links und fahren an der nächsten Kreuzung auf der Dorfstraße nach rechts. Sie windet sich bergauf zur vorfahrtsberechtigten Sollerstraße. Auf ihr radeln wir nach links und geradewegs bis ins Ortszentrum von Murnau. Bevor die Straße stärker ansteigt, biegen wir nach links in die Johannisstraße ab und erreichen nach wenigen Metern den Obermarkt im Herzen von Murnau. Mit einem Abstecher nach links kann man die schöne Fußgängerzone erkunden.

Unser Weg zurück zum Bahnhof knickt hier nach rechts ab und biegt nach wenigen Metern nach links in die Griesbräustraße ein. Sie führt uns zur Bahnhofstraße, die wir geradewegs überqueren. Nach kurzer Fahrt geht es auf einer Radlerbrücke über die B2 und anschließend geradeaus zu einer weiteren Fahrradbrücke. Auf ihr radeln wir nach links und an der folgenden Wegkreuzung entweder nach links steil zum Seebad am Staffelsee hinab oder nach rechts zum nahen Bahnhof von Murnau.

Ganz unten: Die malerische Marktstraße von Murnau

Meist auf schmalen Straßen radeln wir durchs stille Hügelland.

19 Rund ums Murnauer Moos

Moore zwischen den Bergen

Leicht | 44 km | 110 m | 3.30 Std.

Tourencharakter
Die Tour verläuft fast durchgehend auf für den allgemeinen Verkehr gesperrten Kieswegen und auf kürzeren Abschnitten auf verkehrsarmen Nebenstraßen. Lediglich rund um Eschenlohe und nach Grafenaschau gibt es einige kurze, harmlose Anstiege.

Ausgangs-/Endpunkt
Ohlstadt, Bahnhof

GPS-Koordinaten
47.6340, 11.2185

Anfahrt
Bahn: Ohlstadt liegt an der Eisenbahnlinie von München nach Garmisch-Partenkirchen. Auto: Ohlstadt ist von der A95 über die Anschlussstellen Murnau/Kochel und Eschenlohe zu erreichen.

Einkehr
Im Gasthof Ähndl bei Murnau, in Grafenaschau, Oberau, Eschenlohe und Ohlstadt

Badeplätze
Im See am Langen Köchel (Abstecher)

Sehenswürdigkeiten
Das Ramsachkircherl, das Murnauer Moos und die Pfarrkirchen in Eschenlohe und Ohlstadt

Information
Touristinfo Murnau, Tel. 08841/61410, ammergauer-alpen.de

Diese Tour führt uns durch das Murnauer Moos, das einer Vielzahl seltener Tiere und Pflanzen eine Heimat gibt. Nach der Runde um das größte Moorgebiet Mitteleuropas erkunden wir das Tal der Loisach, das von der wuchtigen Zugspitze überragt wird.

Durch das Murnauer Moos

Wir radeln vor dem Bahnhof Ohlstadt auf der Loisachstraße nach links und stoßen nach einem Sägewerksgelände auf eine Querstraße. Auf ihr geht es nach links und an ihrem Ende auf einem Feldweg über die Wiesen zu einer Straße, der wir nach links folgen. Bald überqueren wir die Eisenbahnlinie und halten uns dann rechts, sodass wir unter der A95 hindurchfahren. Nach der Brücke über die Loisach biegen wir nach rechts auf einen Kiesweg ein, der am Fluss entlang nach Norden führt. An der Gabelung nach einigen Häusern

Das Murnauer Moos ist ein wahrer Naturschatz.

halten wir uns links und folgen kurz darauf den Radwegweisern nach links zu einer nahen Straße. Auf ihr radeln wir nach rechts in den Murnauer Ortsteil Hechendorf und biegen dort an der ersten Kreuzung nach links ab. Nach kurzer Fahrt geht es nach rechts auf den Radweg, der an der B2 entlangläuft. Kurz nach dem Ortsschild von Murnau erreichen wir eine Wegkreuzung. Wir überqueren hier vorsichtig die viel befahrene Bundesstraße und radeln dann auf der Ramsachstraße geradewegs zum Rand des Murnauer Mooses.

Typische Lüftlmalerei in Eschenlohe

Ganz oben: Durchs Loisachtal geht der Blick zur Zugspitze.

Hier fahren wir wenige Meter vor dem Gasthof Ähndl unterhalb des malerisch gelegenen Ramsachkircherls nach links über die Ramsach. Nach der Brücke geht es nach rechts und bestens ausgeschildert, meist entlang von Ramsach und Lindenbach, auf dem breiten Hauptweg mitten durch das herrliche Murnauer Moos. Nach acht Kilometern erreichen wir eine Teerstraße. Wir halten uns links und radeln auf dem Radweg ins nahe Grafenaschau. Auf der sanft ansteigenden Straße kommen wir durch das Dorf und zu einer Gabelung, an der wir nach links in die Schwaigener Straße abbiegen.

Unten rechts: Rastplatz an einem Feldkreuz bei Ohlstadt

Am Rand des Murnauer Mooses steht das Ramsachkircherl.

Auf der für den allgemeinen Verkehr gesperrten Straße radeln wir am Murnauer Moos entlang nach Süden. Über zwei kurze Berge erreichen wir eine Kreuzung, an der links eine schmale Teerstraße abzweigt. Wer Lust hat, der kann hier einen Abstecher zum herrlichen, 40 Meter tiefen See im ehemaligen Quarzitsteinbruch am Langen Köchel machen (zusätzlich eineinhalb Kilometer). Hierfür folgt man der schmalen Teerstraße, bis nach wenigen hundert Metern im Wald links ein Schotterweg zum nahen See abzweigt.

Zurück am Hauptweg ist nochmals ein kur-

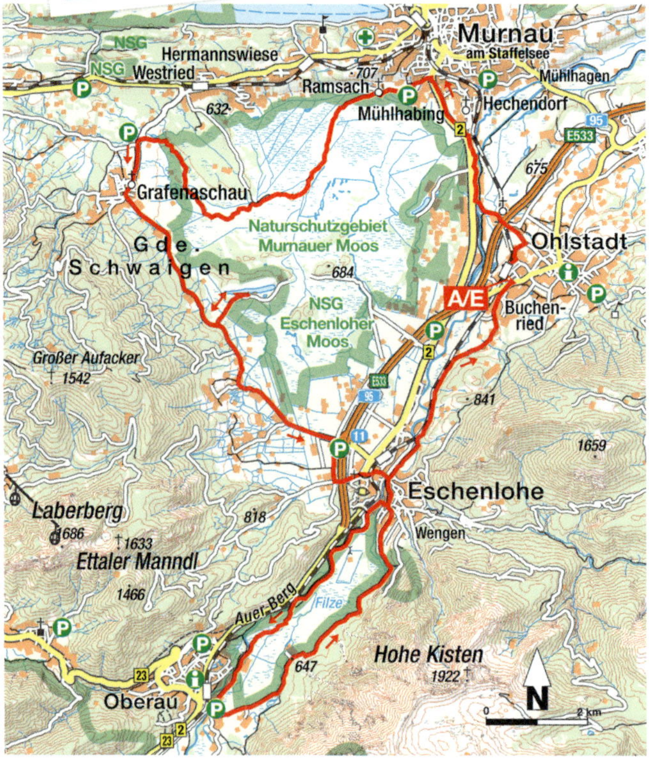

zer Anstieg zu überwinden, ehe wir über herrliche Wiesen an den verstreut liegenden Bauernhöfen von Schwaig vorbei geradewegs Richtung Eschenlohe radeln. Kurz vor der Autobahn folgen wir den Radwegweisern nach rechts auf ein Teersträßchen und biegen an der nächsten Kreuzung nach links ab. Unter der A95 hindurch und über die Bahnlinie radeln wir jetzt geradewegs zum Dorfplatz von Eschenlohe. Hier lohnt ein Blick in die von Johann Michael Fischer erbaute Pfarrkirche mit sehenswerter Ausstattung im Stil von Barock und Rokoko.

Murnauer Moos

Das Murnauer Moos ist das größte und bedeutendste naturnah erhaltene Moorgebiet in Mitteleuropa. 23 Quadratkilometer stehen unter Naturschutz und bieten zahlreichen seltenen oder vom Aussterben bedrohten Tier- und Pflanzenarten einen letzten Rückzugsraum. Entstanden ist es nach der Eiszeit in einem von den Eiszeitgletschern übertieften Becken.

Abstecher ins Tal der Loisach

Wir folgen der Hauptstraße nach rechts und überqueren nach kurzer Fahrt geradewegs die Loisach. Nach der Brücke biegen wir rechts in die Mühlstraße ein. An der nächsten Kreuzung folgen wir den Radwegweisern Richtung Oberau und nach rechts zum Loisachdamm. Auf dem Dammweg radeln wir bis zur Loisachbrücke in Oberau und fahren an der Kreuzung neben der Brücke nach links.

Vorbei am Golfplatz führt uns die schmale Teerstraße geradewegs zu einer Gabelung am Waldrand, an der wir uns links halten. Jetzt radeln wir auf der Kiesstraße am Fuß des Estergebirges, vorbei an mächtigen Schuttströmen und malerischen Moorflächen, zu den Sieben Quellen. Ein kurzer Anstieg führt uns anschließend auf einen Wiesenhügel, von dem sich ein herrlicher Rückblick durch das Loisachtal auf das Zugspitzmassiv bietet.

Im nahen Eschenlohe radeln wir geradewegs zu einer Querstraße, fahren auf ihr kurz nach rechts zu einer Kreuzung und auf der Mühlstraße geradeaus zur Loisachbrücke. Wenige Meter geht es nach rechts und danach nach links auf der Heubergstraße aus dem Ort. Nach der Brücke über die Eschenlaine halten wir uns links und radeln an der Loisach entlang. Kurz vor der Eisenbahnbrücke geht es an der Gabelung nach rechts und jetzt permanent geradeaus nach Ohlstadt. Wir fahren geradewegs durch den Ort bis zur Hauptstraße, auf ihr kurz nach rechts und dann nach links auf der Loisachstraße zurück zum Bahnhof Ohlstadt.

20 Rund um den Staffelsee

Moore, Wälder, Seen

Schwer | 33 km | 310 m | 3 Std.

Tourencharakter
Die Route verläuft fast durchwegs auf verkehrsfreien Wirtschaftswegen und verkehrsarmen Nebenstraßen. Nach Grafenaschau ist ein lang gezogener Anstieg zu überwinden und nach Bad Kohlgrub sind kurze Wegabschnitte etwas holprig.

Ausgangs-/Endpunkt
Murnau, Bahnhof

GPS-Koordinaten
47.6823, 11.1933

Anfahrt
Bahn: Murnau liegt an der Bahnlinie von München nach Garmisch bzw. von München nach Oberammergau. Auto: Murnau liegt westlich der A 95 an der B 2 und ist über die Ausfahrt Murnau/Kochel zu erreichen.

Einkehr
Im Gasthof Ähndl am Ortsrand von Murnau, in Bad Kohlgrub, Uffing und Murnau

Badeplätze
In Murnau und Uffing jeweils am Staffelsee

Sehenswürdigkeiten
Das Ramsachkircherl, das Murnauer Moos und Murnau mit seinen Museen

Information
Touristinfo Murnau, Tel. 08841/ 61410, ammergauer-alpen.de

Im Murnau starten wir zu einer Runde, die uns durch das Murnauer Moos und rund um den Staffelsee führt. Hier fanden in der stillen Landschaft die Maler des »Blauen Reiters« die Motive für ihre Bilder, die wir in Murnau in den Museen bewundern können.

Durch das Murnauer Moos Vor dem Bahnhof Murnau fahren wir nach rechts auf einen Radweg und nach kurzer Strecke auf einer Radlerbrücke nach links über die Hauptstraße. Nach der Brücke geht es nach rechts und nach 200 Metern auf einem schmalen Weg nach links aufwärts und auf schmaler Brücke über die B 2. Wir treffen auf einen Weg, der uns nach rechts abwärts in den Kurpark führt. Nach einem kleinen Teich wechseln wir geradewegs auf eine schmale Straße und nach 100 Metern geradeaus auf einen Radweg, der nach kurzer Strecke an der Mühlenstraße

endet. Sie führt uns rechts unter der Bahnlinie hindurch und endet an der Ramsachstraße, der wir nach rechts zum Murnauer Moos folgen. Wenige Meter vor dem Gasthof Ähndl radeln wir unterhalb des Ramsachkircherls nach links über die Ramsach. Nach der Brücke geht es nach rechts und bestens ausgeschildert meist entlang von Ramsach und Lindenbach auf dem breiten Hauptweg mitten durch das herrliche Murnauer Moos. Nach acht Kilometern erreichen wir zum Schluss durch Wald und an einem kleinen See vorbei eine Teerstraße.

Wir halten uns links und biegen nach kurzer Fahrt vor Grafenaschau, den Schildern des Bodensee-Königssee-Radweges folgend, nach rechts in eine Nebenstraße ein. An der folgenden Kreuzung halten wir uns rechts und radeln nun auf einem Kiessträßchen im Lindachtal sanft ansteigend bis zu einer schmalen

Bestens beschildert geht's durchs Blaue Land.

Ganz oben: Bei Uffing erreichen wir das Ufer des Staffelsees.

Teerstraße. Auf ihr geht es links hinauf nach Bad Kohlgrub. Nach einem 200 Meter langen Steilstück erreichen wir die viel befahrene Landstraße, der wir nach links Richtung Ortszentrum folgen. Nach 150 Metern biegen wir bei nächster Gelegenheit nach rechts in die Stegrainer Straße ein.

Neben dem Ramsachkircherl lockt der Gasthof Ähndl.

Über Uffing nach Murnau Nach kurzer Fahrt folgen wir in Bad Kohlgrub an einer Weggabelung rechts der Stegrainer Straße, überqueren die Bahnlinie und erreichen nach einem Anstieg über aussichtsreiche Wiesen wiederum eine Weggabelung. Wir halten uns links und lassen die Räder nach Sprittelsberg hinabrollen. Hier geht es geradewegs an der Kapelle vorbei und auf dem Teersträßchen abwärts in ein Wiesental. Wir ignorieren die beiden Kieswege, die kurz hintereinander nach links abzweigen und wechseln dann geradewegs auf einen unbefes-

Ramsachkircherl und Ähndl

Am Rand des Murnau Mooses liegt das im Kern gotische Ramsachkircherl, das barock umgestaltet wurde. Bedeutendstes Ausstattungsstück ist eine neben dem Altar ausgestellte Glocke. Sie gilt als eine der ältesten Kirchenglocken in ganz Europa. Bestens rasten lässt sich im schattigen Biergarten des malerisch neben der Kirche gelegenen Gasthof Ähndl.

tigten Wirtschaftsweg. Auf dem etwas holprigen Forststräßchen geht es an einem Bach entlang, der nach einem Kilometer überquert wird. Nach einem kurzen Anstieg an einer ersten Kreuzung fahren wir geradeaus und an den beiden folgenden jeweils nach rechts. Wir radeln geradeaus zu der Freifläche, auf der einst der schon im 13. Jahrhundert erwähnte Weiler Unkundenwald lag. An die drei Anfang des 20. Jahrhunderts abgetragenen Höfe erinnern nur noch das Backhaus und einige Grundmauern. An den folgenden Kreuzungen fahren wir ohne Orientierungsprobleme immer geradeaus und erreichen nach der Brücke über die Ach im Weiler Brand eine schmale Teerstraße. Nach dem Weiler radeln wir auf der Querstraße nach rechts und auf dem herrlich aussichtsreichen Sträßchen im Auf und Ab über Harberg geradewegs nach Uffing. Den Radwegweisern Richtung Murnau folgend geht es auf der Schöffauer Straße durch den Ort. Nach einem Rechts-Links-Knick überqueren wir unterhalb der im Kern gotischen, später barock umgestalteten Pfarrkirche mit netter Rokoko-Ausstattung die Ach und fahren geradewegs bis zur Kreuzung vor dem Rathaus von Uffing.

Die lebhafte Fußgängerzone im Herzen von Murnau

Im Zentrum von Uffing wechseln wir geradewegs auf die vorfahrtsberechtigte, viel befahrene Landstraße. Nach kurzer Fahrt kann man nach rechts einen Abstecher zum Strandbad am Staffelsee unternehmen. Wir folgen jedoch weiterhin geradewegs der Hauptstraße und biegen am Ortsrand nach links in die Galveigenstraße ein. An ihrem Ende geht es über die Bahnlinie und danach nach rechts in einen Kiesweg, der an den Gleisen entlangläuft. Nun radeln wir teils auf Radwegen, teils auf Nebenstraßen an der Bahnlinie entlang zurück nach Murnau. Dort geht es auf der Römerstraße bis zur Hauptstraße, die wir überqueren. Am großen Parkplatz entlang führt uns der Radweg zurück zum nahen Bahnhof Murnau. Wer Lust hat, der kann zum Abschluss der Tour noch im malerischen Ortskern rund um die Marktstraße einkehren oder die farbenfrohen Gemälde im Schlossmuseum und im Münterhaus bewundern.

21 Von Schongau nach Steingaden

Rechts und links vom Lech

Schwer | 44 km | 430 m | 4 Std.

Tourencharakter
Die Route verläuft, abgesehen von kürzeren Abschnitten auf gut zu befahrenden Wirtschaftswegen, durchwegs auf geteerten, verkehrsarmen Nebenstraßen. Die zahlreichen Steigungen sind nie lang oder steil.

Ausgangs-/Endpunkt
Schongau, Bahnhof

GPS-Koordinaten
47.8123, 10.9021

Anfahrt
Bahn: Schongau liegt an der Bahnstrecke, die von Augsburg über Weilheim nach Schongau führt. Auto: Bei Schongau kreuzen sich die B 17, B 23 und B 472; gute Parkmöglichkeiten an der Lechuferstraße

Einkehr
In Burggen, Urspring, Steingaden und Schongau

Bademöglichkeiten
Am Lechstausee Urspring, bei Steingaden und im Schongauer Lechstausee

Sehenswürdigkeiten
Das Kloster Steingaden, die römische Villa von Peiting und die Altstadt von Schongau

Information
Touristinfo Schongau,
Tel. 08861/214181,
schongau.de

Auf dem Hinweg folgen wir der Via Claudia Augusta, der Römerstraße, die am Lech entlang nach Augsburg führte. Nach einer Rast am ehemaligen Kloster von Steingaden geht es auf dem Radweg Romantische Straße zurück zur malerischen Altstadt von Schongau.

Am Lech entlang nach Süden Am Bahnhof Schongau überqueren wir an einer Ampel die Hauptstraße und folgen dem Radweg nach links. Vor der Lechbrücke biegen wir nach rechts in die Lechuferstraße ab und radeln bald aufwärts zur Lechstaustufe Schongau. Wir folgen noch kurz geradewegs der Straße und biegen 100 Meter nach dem Abzweig zum Badestrand am Lechstausee scharf nach links in ein Nebensträßchen ein. Wir radeln am Waldrand entlang und dann geradewegs durch den Wald zu einer Forstwegkreuzung. Hier geht es nach links und immer geradeaus, bis wir auf einem Brückchen die breite B 17 überqueren. Der Weg knickt nach rechts und folgt der Bundesstraße. Nach 500 Metern fahren wir an einem ersten Brückchen geradewegs vorbei und an der Kreuzung neben der zweiten Brücke nach links. Im Auf und Ab fahren wir nun auf dem Hauptweg durch den Wald und wechseln nach zwei Kilometern geradewegs auf ein Teersträßchen. Es führt uns über aussichtsreiche Wiesen bis zum Sportplatz von Burggen, an dem wir nach links auf einen Feldweg abbiegen.
Unter schattigen Bäumen radeln wir am Dorfrand zur Dessaustraße, auf der wir nach links den Ort verlassen. An einer Weggabelung folgen wir den Radwegweisern nach rechts über den Steinbach und radeln auf dem herrlichen Panoramasträßchen auf die Berge zu. An einer Schranke beginnt die Abfahrt nach Dessau. An der Gabelung nach dem Gut fahren wir auf dem linken Sträßchen aufwärts zur Lechstaustufe 4. Auf angenehm flacher und aussichtsreicher Straße erreichen wir nach drei Kilometern die Lechstaustufe Urspring, auf der wir den Fluss überqueren. Bald führt die Straße links vom Lechufer weg nach Urspring.

Der Kräutergarten am Welfenmünster in Steingaden

An der südlichen Stadtmauer von Schongau

Wir radeln auf der Dorfstraße durch das Dorf und folgen am Ortsende den Radwegweisern Richtung Steingaden nach links auf den Eggweg. Durch die Wiesen geht es steil auf einen aussichtsreichen Wiesenhügel hinauf. Vom Hügel lassen wir die Räder jenseits bergabrollen und radeln geradewegs durch Steingaden bis zur B17. An einer Ampel überqueren wir die Bundesstraße und erreichen über den Marktplatz das ehemalige Kloster Steingaden. Mitte des 12. Jahrhunderts wurde das Kloster vom Adelsgeschlecht

Mittelalterliches Ballenhaus und barocke Pfarrkirche von Schongau

der Welfen gegründet. Die romanische Klosterkirche, das sogenannte Welfenmünster, besticht durch die wundervolle Barock- und Rokoko-Ausstattung.

Ganz unten: Auf schmalen Straßen radeln wir auf Burggen zu.

Am Lechstausee beim Dörfchen Urspring

Auf dem Radweg Romantische Straße nach Schongau Vom Marktplatz radeln wir nach der Kirchenbesichtigung rechts am Gasthof Zur Post vorbei in eine Gasse und geradewegs weiter zur B17. Auf der Bundesstraße geht es 100 Meter nach rechts und dann nach links in die Hammerschmiedstraße. An ihrem Ende biegen wir nach rechts in die Aggensteinstraße ein und folgen an der nächsten Kreuzung der Vorfahrtsstraße nach links. Nach kurzer Fahrt kann man nach rechts einen Abstecher zu den Badestellen am Bismarckweiher machen. Wir radeln aber geradewegs weiter und erreichen nach einer kurzen Abfahrt

eine Weggabelung, an der wir uns rechts halten. Im Auf und Ab folgen wir geradewegs dem wundervollen Sträßchen, bis wir nach fünf Kilometern bei Riesen eine sternförmige Kreuzung erreichen. Wir fahren halb rechts Richtung Schongau und halten uns an der Gabelung nach dem kleinen Riesener See rechts.

Weiterhin im Auf und Ab führt uns das Sträßchen durch Wald und über Wiesen zu einer Querstraße, auf der wir nach links nach Kreut radeln. An der Kreuzung geht es nach rechts und über die Hügel zur B17. Kurz vor der Brücke über die Bundesstraße biegen wir nach rechts in eine schmale Teerstraße ein, die in einen Kiesweg übergeht. Wir treffen auf ein Intersträßchen, das nach links über die B17 führt. Nach der Brücke liegt rechts die römische Villa von Peiting. Sie war vom 2. bis zum 4. nachchristlichen Jahrhundert bewohnt.

Geradewegs treffen wir auf eine Vorfahrtsstraße, der wir kurz nach links folgen. Wir biegen nach rechts in eine schmale Teerstraße ein und radeln geradewegs auf einer Forststraße durch den Wald und über die Lechstaustufe Schongau. Nach der Staustufe halten wir uns an der Kreuzung rechts und fahren auf dem vom Anfang der Tour her bekannten Weg zurück zum Bahnhof Schongau. Möchte man einen Abstecher hoch zur Altstadt von Schongau unternehmen, kann man von der Lechuferstraße den Radwegweisern zur Altstadt folgen.

Die Altstadt von Schongau

Die Altstadt von Schongau wird bis heute von der nahezu vollständig erhaltenen mittelalterlichen Stadtmauer eingefasst. Den Mittelpunkt bildet der malerische Marienplatz, an dem das mittelalterliche Ballenhaus mit seinem Staffelgiebel den prägenden Akzent setzt. In der nahen barocken Stadtpfarrkirche findet man Werke bedeutender Künstler.

22 Durch die Berge zur Wieskirche

Rokoko-Kleinod und Moorsee

Schwer | 36 km | 360 m | 3.15 Std.

Tourencharakter
Meist auf geteerten, verkehrsarmen Nebenstraßen; vor allem zwischen Unternogg und Wieskirche längere Abschnitte auf unbefestigten, holprigen Wirtschaftswegen. Zahlreiche, auf kürzeren Abschnitten auch steilere Anstiege.

Ausgangs/ und Endpunkt
Altenau, Bahnhof oder Unternogg, Wanderparkplatz

GPS-Koordinaten
47.6485, 11.0176

Anfahrt
Bahn: Altenau liegt an der Bahnstrecke, die von München über Murnau nach Oberammergau führt. Auto: Von der B 23 südlich von Saulgrub nach Altenau abzweigen (gute Parkmöglichkeiten westlich von Altenau an der beschriebenen Strecke auf dem Wanderparkplatz bei Unternogg).

Einkehr
An der Wieskirche, in Wildsteig und am Schwaigsee

Bademöglichkeiten
Am Schwaigsee und am Wildsee

Sehenswürdigkeiten
Wieskirche

Information
Touristinfo Saulgrub,
Tel. 08845/1066,
ammergauer-alpen.de

Auf der Königsstraße, auf der sich einst der bayerische Märchenkönig Ludwig II. zwischen seinen Schlössern hin- und herkutschieren ließ, radeln wir zur Wieskirche. Vorbei an wundervollen Badeseen geht es anschließend zurück ins Tal der Ammer.

Durch die Berge zur Wieskirche Vom Bahnhof Altenau radeln wir nach links zur Oberen Dorfstraße und auf ihr nach links über die Bahngleise. An der nächsten Kreuzung fahren wir in die Untere Dorfstraße nach rechts und am Dorfweiher nach links in die Unternoggstraße. Wir radeln bald über die Ammer und nach einem kurzen Anstieg geht es geradewegs zum beliebten Gasthaus im alten Forsthaus Unternogg. Hier machte schon König Ludwig II. gelegentlich auf seinen Fahrten zwischen den Schlössern Linderhof und Neuschwanstein Station.

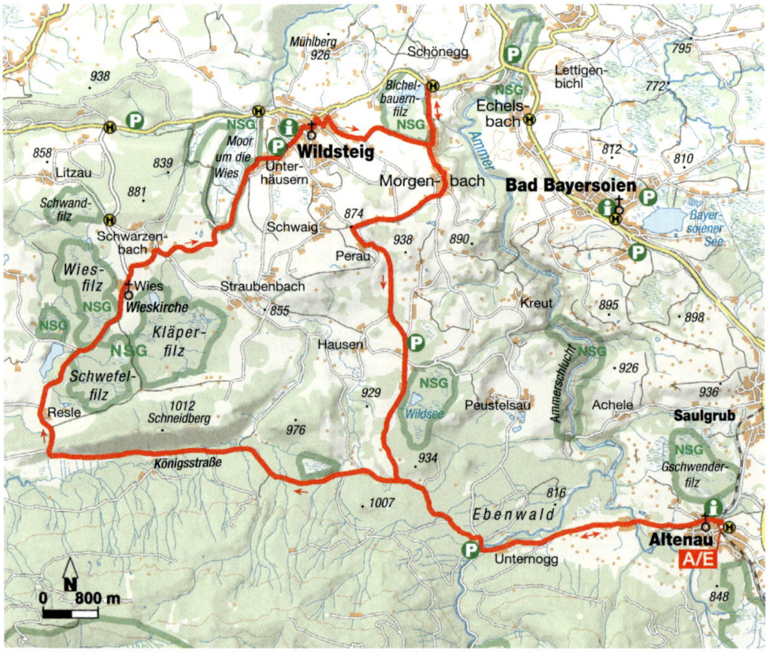

Kurz danach radeln wir nach einem Wanderparkplatz über die Halbammer und biegen nach einem kurzen Anstieg nach links auf einen Kiesweg ein. Auf den nächsten Kilometern folgen wir nun auf der sogenannten »Königsstraße« der Beschilderung des Bodensee-Königssee-Radweges. Immer auf dem Hauptweg geht

Am Fuß der Ammergauer Alpen liegt die Wieskirche.

es geradewegs sanft aufwärts. Bald haben wir ohne größere Mühen den höchsten Punkt der Tour erreicht und überqueren an einer betonierten Furt den »Kaltes Wasser« genannten Bach. Nach einer Abfahrt müssen wir an einer Furt einen Bach überqueren. Wenig später hilft uns eine Brücke über die Ach und bald führt der Weg am Langenmoos vorbei. Nach einem kurzen Anstieg erreichen wir eine Kreuzung, an der wir nach rechts Richtung Wieskirche abbiegen. Nach kurzer Fahrt wechseln wir geradewegs auf eine schmale Teerstraße, die uns rechts an den Höfen von Resele vorbeiführt. Im Auf und Ab radeln wir jetzt geradewegs durch den Wald zur herrlich gelegenen Wieskirche.

Die Wieskirche

Für das Gnadenbild eines gegeißelten Heilands, das Ziel einer stark anschwellenden Wallfahrt war, wurde Mitte des 18. Jahrhunderts die wundervolle Wallfahrtskirche von den Gebrüdern Zimmermann erbaut und großteils auch ausgestattet. Sie gilt als bedeutendstes Rokoko-Gotteshaus in Deutschland und ist seit 1983 auf der UNESCO-Liste als Weltkulturerbe verzeichnet.

Ein kurzer Abstecher bringt uns zum einsamen Wildsee.

Badeseen auf dem Weg nach Altenau Wir fahren an der Wieskirche vorbei zum großen Besucherparkplatz und biegen dort den Radwegweisern folgend nach rechts in eine schmale Teerstraße ein. Wir radeln auf eine kleine Wiesenkuppe, von der man

Auf schmalen Straßen geht's durch das Hügelland.

einen fantastischen Blick über die Wieskirche zu den Tannheimer Felsgipfeln hat. Nach einer kurzen Abfahrt fahren wir an der Kreuzung in Schwarzenbach nach rechts und an der folgenden Kreuzung nach links Richtung Wildsteig. Nun geht es teils auf schmaler Teerstraße, teils auf einem Wirtschaftsweg über einen Hügelkamm. Am Ende einer steilen Abfahrt fahren wir an einer Doppelkreuzung erst wenige Meter nach links und danach nach rechts durch ein Tal. Jenseits geht es oberhalb einer malerischen Moorfläche aufwärts zu einer Gabelung, an der wir geradeaus fahren. Bald radeln wir geradewegs durch Unterhäusern zur Kreisstraße und auf ihr über einen Berg ins Ortszentrum von Wildsteig.

An der Kreuzung unterhalb der barocken Pfarrkirche, die mit kostbarer Spätrokoko-Ausstattung und wertvollen spätgotischen Figuren im Hochaltar besticht, radeln wir geradeaus und biegen nach einer Abfahrt nach rechts in die Riedstraße ab. Kurz geht es einen steilen Berg hoch und an der Gabelung nach dem Gasthof zum Strauß fahren wir nach rechts in den Oberfeldweg. An der nächsten Kreuzung biegen wir nach rechts in den Morgenbacher Weg ein und nach 600 Metern fahren wir inmitten der aussichtsreichen Wiesen nach links auf eine schmale Teerstraße. Sie führt uns durch eine wundervolle Landschaft nach Morgenbach, wo wir auf eine Vorfahrtsstraße treffen. Ehe wir nach rechts zurück Richtung Ausgangspunkt radeln, machen wir nach links noch einen Abstecher zum Schwaigsee. Nach 800 Metern erreichen wir den beliebten Badesee.

Feinste Rokoko-Kunst in der herrlichen Wieskirche

Anschließend kehren wir auf bekannter Strecke zurück nach Morgenbach und radeln geradewegs durch das lang gezogene Dorf bis zum Ortsende. Dort biegen wir in die nach Linden und Perau ausgeschilderte Nebenstraße und treffen nach einem kurzen Anstieg auf eine Querstraße. Auf ihr geht es nach links nach Perau und auf angenehmen Sträßchen durch ein stilles Tal zu einer Weggabelung inmitten des malerischen Bärenfilzes. Wir halten uns links und wechseln an der Kreuzung nahe einem einsam gelegenen Hof geradewegs auf einen Feldweg. Links schimmert der Wildsee durch die Bäume und nach 600 Metern erreichen wir eine Kreuzung, an der wir uns einen kurzen Abstecher zum einsamen See gönnen. Wir fahren nach links auf dem Feldweg zum Waldrand, an dem ein schmaler, wurzliger Weg beginnt. Auf ihm gelangen wir zum nahen Wildsee, der wie ein blauer Edelstein aus den braunen Moorflächen hervorschimmert.

Nach dem Abstecher kehren wir wieder zum Hauptweg zurück und radeln sanft aufwärts auf die Berge zu. Bald lassen wir die Räder über eine teils geteerte Abfahrt zu einer Kreuzung hinabrollen, an der wir auf den morgendlichen Hinweg treffen. Wir schwenken nach links auf die Königsstraße und radeln geradewegs bis zur Teerstraße. Auf ihr fahren wir nach rechts über die Halbammer und vorbei am Wanderparkplatz und am Gasthaus Unternogg zurück nach Altenau.

23 Zum Schloss Linderhof

An den Ammerquellen

Mittel | 32 km | 280 m | 2.45 Std.

Tourencharakter
Diese Tour führt meist auf unbefestigten Wegen durch die Täler von Ammer und Linder. Nach Schloss Linderhof ist ein steiler Berg zu bewältigen. Die schwierigsten Anstiege lassen sich aber auf Alternativrouten umgehen.

Ausgangs-/Endpunkt
Oberammergau, Bahnhof

GPS-Koordinaten
47.5994, 11.0573

Anfahrt
Bahn: Oberammergau ist Endpunkt der Strecke, die in Murnau von der Bahnlinie München–Garmisch abzweigt.
Auto: Oberammergau liegt an der B23, die südlich des Autobahnendes der A95 in Oberau von der B2 Richtung Schongau und Augsburg abzweigt.

Einkehr
In Ettal, an der Ettaler Mühle, Linderhof, Graswang und Oberammergau

Bademöglichkeiten
Keine

Sehenswürdigkeiten
Kloster Ettal, Schloss Linderhof und Oberammergau

Information
Touristinfo Oberammergau, Tel. 08822/922740, ammergauer-alpen.de

Rund um die Quellen der Ammer liegen einige herausragende Sehenswürdigkeiten. Vorbei am Kloster Ettal radeln wir zum bezaubernden Schloss Linderhof. Am Ende der Tour können wir die mit Lüftlmalerei geschmückten Häuser von Oberammergau bewundern.

Ins Tal der Linder Vom Bahnhof Oberammergau radeln wir zur nahen Hauptstraße und auf ihr nach links. Nach kurzer Fahrt biegen wir nach der Ammerbrücke rechts in den Radweg ein, der am Fluss entlangläuft. Wir folgen nun dem Radweg am linken Ufer des Flusses, überqueren am Ortsrand eine Straße und radeln bald nach rechts unter der B23 hindurch. Jetzt folgen wir stets den Radwegweisern an der Ammer entlang, bis wir nach gut drei Kilometern eine Weggabelung erreichen. Hier fahren wir nach links und bald entlang der B23 auf dem geteerten Radweg nach Ettal und durch den Ort aufwärts zum prächtigen Kloster Ettal. Die Benediktinerabtei wurde 1330 von Kaiser Ludwig II.

gegründet. 1744 zerstörte ein verheerender Brand das gesamte Kloster. Der Wiederaufbau der Klosterkirche mit ihrer weithin sichtbaren Kuppel und der beeindruckenden Fassade erfolgte im Stil des Rokoko.

Vom Kloster radeln wir nach der Besichtigung auf dem bekannten Weg an der B 23 entlang zurück in Richtung Oberammergau. Bald führen uns die Radwegweiser Richtung Linderhof nach links auf ein Sträßchen. Vor einem nahen Bauernhof knickt unser Weg nach rechts auf ein Wirtschaftssträßchen ab, das im Bogen zur Ettaler Mühle führt. Hier geht es geradewegs über die Straße und rechts der Mühle in das wundervolle Naturschutzgebiet Weidmoos. Vor der Ammer erreichen wir eine Weggabelung, an der wir nach links abbiegen. Bald überqueren wir die Landstraße ein weiteres Mal und folgen dem breiten Forstweg nach rechts. Über einen nicht allzu steilen, aber lang gezogenen Anstieg radeln wir durch den Wald aufwärts, überqueren schließlich auf einer Brücke den Kühlalpenbach und lassen die Räder zum herrlich gelegenen Hof Dickelschwaig hinabrollen. Wir wechseln geradewegs auf ein Teersträßchen und überqueren kurz vor Graswang die Linder.

Linke Seite: Die mächtige Kirchenkuppel überragt Kloster Ettal.

Ganz unten: An der Ammer bei Oberammergau

Die Ettaler Mühle bietet eine romantische Einkehr.

Nach der Brücke biegen wir nach links auf einen Kiesweg ein, der dem Lauf der Linder folgt und uns bis zu einem Parkplatz an der Landstraße führt. Hier fahren wir auf dem Radweg nach links und an der Straße entlang über die Linder und den Ellmaubach. Auf Forststraßen geht es anschließend weiter bis Linderhof, wo wir uns rechts halten und die Straße überqueren. Wir folgen der Radwegbeschilderung, überqueren die Linder und erreichen den Parkplatz am Schloss Linderhof. Auf breiter Straße geht es schließlich hinauf zum Eingangsgebäude. Wer die Attraktionen wie das Schloss oder die Grotte besichtigen möchte, der kann hier Tickets kaufen. Der Eintritt in den Schlossgarten, wo man die Räder schieben muss, ist kostenlos. Wir gehen also nach rechts in den Schlossgarten und dann geradewegs zum Schloss mit der herrlichen Brunnenanlage.

Zurück nach Oberammergau Wer ohne große Mühen nach Oberammergau radeln möchte, der fährt auf bekanntem Weg zurück bis zur Linderbrücke bei Graswang. Hier geht es nun nach

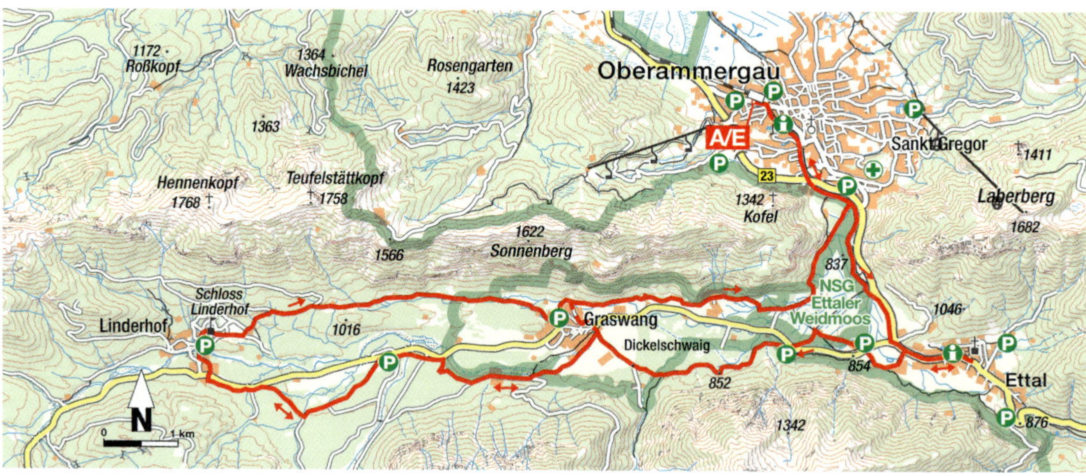

links über die Hauptstraße in die Untere Dorfstraße, bald nach rechts in den Sonnenberg-Weg und auf ihm geradeaus, bis man am Rand der Wiesen auf den beschriebenen Weg trifft, dem man nach rechts folgt.

Wir wählen aber eine Alternative für den Rückweg, die für heute noch eine kleine sportliche Herausforderung bereithält. Geradewegs fahren wir am Schloss vorbei und dann auf breitem Weg unterhalb des Maurischen Kiosks durch den Park. Am Ende der

Wiese radeln wir nach links aufwärts in den Wald. 600 Meter geht es jetzt recht anstrengend bergauf zu einer Forststraße. Auf ihr fahren wir nach rechts durchs Wildgatter und ohne weitere Mühen zu Almflächen und dann über eine lange Abfahrt hinab nach Graswang. Vor dem Ort biegen wir nach links auf einen Kiesweg ein, der uns durch mehrere Gatter und über ein Brückchen um das Dorf führt. Wir treffen auf die einfachere Rückwegvariante und folgen dem schmalen Weg, der am Rand der Wiesen nach Osten läuft. Vorbei am Hof von Rahm erreichen wir schließlich eine Weggabelung, an der wir geradeaus Richtung Ettaler Mühle fahren. Über malerische Moorflächen und mehrere Quellarme der Kleinen Ammer radeln wir zu einer schmalen Teerstraße, der wir nach links folgen. Vorbei am viel besuchten Klettergarten an der Falkenwand führt sie uns zur Ammer. Wir wechseln auf den Kiesweg, der an der Ammer entlang nach Norden läuft. Bald radeln wir unter der B23 hindurch und erreichen am Ortsrand von Oberammergau eine Brücke. Geradeaus geht es am Fluss entlang direkt zurück zum Bahnhof von Oberammergau. Nach rechts führt ein Abstecher ins malerische Zentrum von Oberammergau. Der Ort bezaubert durch seine alten Gebäude, deren Fassaden teils mit sehenswerten Lüftlmalereien verziert sind. Herausragend ist das aufwendig gestaltete Pilatushaus.

Schloss Linderhof – der Rokoko-Traum des Märchenkönigs

Schloss Linderhof

Ab 1874 ließ König Ludwig II. das wundervolle Rokokoschloss Linderhof erbauen. Rund um das Schloss wurde der weitläufige Park mit verschiedenen Wasserbecken, Fontänen und Kaskaden geschmückt. Seiner romantischen Ader gemäß entstanden unter anderem eine farbenfroh ausgeleuchtete künstliche Venusgrotte mit Höhlensee und Muschelkahn und der sogenannte Maurische Kiosk.

24 Rund um den Kranzberg

Seen und Berge bei Mittenwald

Schwer | 36 km | 380 m | 3.15 Std.

Tourencharakter
Die Tour verläuft großteils auf gut zu befahrenden und für den allgemeinen Verkehr gesperrten Kieswegen und teils auf verkehrsarmen, geteerten Nebenstraßen. Die wenigen etwas anstrengenderen Anstiege sind nur kurz. Auf der steilen Schlussabfahrt nach Mittenwald benötigt man gute Bremsen.

Ausgangs-/Endpunkt
Mittenwald, Bahnhof

GPS-Koordinaten
47.4405, 11.2655

Anfahrt
Bahn: Der Bahnhof Mittenwald liegt an der Bahnlinie von München nach Innsbruck.
Auto: Vom Ende der A95 bei Eschenlohe auf der B2 über Garmisch-Partenkirchen nach Mittenwald.

Einkehr
In Krün, Elmau, am Ferchensee und am Lautersee sowie in Mittenwald

Bademöglichkeiten
Am Barmsee, Ferchensee und Lautersee

Sehenswürdigkeiten
Mittenwald

Information
Touristinfo Mittenwald, Tel. 08823/33981, alpenwelt-karwendel.de

Diese Tour steht ganz im Zeichen des Hochgebirges. Durchwegs bieten sich herrliche Blicke auf das Wetterstein- und das Karwendelmassiv. Malerische Bergseen, in denen man im Sommer ein erfrischendes Bad nehmen kann, ergänzen das Fahrradvergnügen.

Zum Barmsee Vor dem Bahnhof Mittenwald finden wir einen ersten Wegweiser des Isar-Radweges, dem wir nach rechts zur Dammkarstraße folgen. Auf ihr geht es nach rechts über die Gleise, bald über die Isar und am Ufer entlang nach links. Wir radeln nahe dem Fluss geradewegs bis vor die Gebirgsjäger-Kaserne Mittenwald. Hier fahren wir nach rechts auf eine Nebenstraße, unter der B2 hindurch und auf dem Radweg an der Bundesstraße entlang nach rechts. Bald führt der Weg abwärts zum Ufer der Isar. Nach kurzer Fahrt auf einer geteerten Querstraße geht es nach links zu einer Straßengabelung an der B2. Wir folgen nicht dem Isarradweg, sondern biegen scharf rechts in eine Teerstraße ein. Nach 400 Metern fahren wir bei den Parkplätzen an der Seinsalm nach rechts auf eine Kiesstraße und an der nächsten Gabelung nach links. Wir folgen dem breiten Hauptweg, radeln bald an der Isar entlang zu einer Brücke und über sie nach links ins nahe Krün. Nach einem kurzen Bergstück geht es nach rechts in die Schöttlkarspitzstraße, die uns am Rathaus vorbei zur B11 bringt. Hier vor dem Rathaus saßen während des G7-Gipfels Kanzlerin Merkel und Präsident Obama und genossen bei herrlichem Wetter ein frisch gezapftes Bier.

Geradewegs fahren wir über die Bundesstraße, nach wenigen Metern nach rechts in ein Anliegersträßchen und an der nächsten Kreuzung nach links. Jetzt geht es auf dem Teersträßchen geradewegs aus dem Ort. Kurz nach dem Ende des Teerbelages radeln wir an einer Gabelung nach links zu einer Wegkreuzung am Barmsee, an der der Weiterweg nach links in einen schmaleren Forstweg einbiegt. Davor gönnen wir uns noch geradewegs den kurzen Abstecher zum Rast- und Badeplatz am Barmsee.

Hinauf zum Schloss Elmau Anschließend geht es zurück zur Wegkreuzung und auf dem schmalen Weg durch den Wald. Wir erreichen eine schmale Teerstraße, der wir nach rechts folgen. Nach 400 Metern biegen wir nach rechts auf eine Straße ein, die parallel zur B2 zum Krüner Ortsteil Barmsee führt. An der Gabelung am Ortschild fahren wir nach links über die Bundesstraße, geradewegs auf einem Feldweg zum Campingplatz am Tennsee und halten uns links, um durch das Gelände zu gelangen (bis zur Mautstraße Wegweiser »Klais über Quick«). Wir wechseln auf einen schmaleren Weg, der uns um den Tennsee zu einem Wirtschaftsweg führt. Auf ihm geht es nach links aufwärts und weiter zu einer schmalen Teerstraße. Auf ihr fahren wir nach rechts über

Blick auf Zugspitze, Alpspitze und Hochblassen

Ganz oben: Schloss Elmau beherbergt heute ein Luxushotel.

die Bahnlinie zur Hauptstraße, dort kurz nach rechts und dann nach links in eine Kiesstraße, auf der wir zur Zufahrtsstraße von Schloss Elmau radeln.

Nach kurzer Fahrt geht es an der Mautstation vorbei – die Straße ist für Radler gebührenfrei – und aufwärts zu den Wiesen am Hotel im Schloss Kranzbach. Am Ende der Bergwiesen biegen wir vor einem Anstieg nach rechts auf einen Forstweg, der durch ein Tal sanft abwärts führt. Kurz vor Schloss Elmau treffen wir wieder auf die Teerstraße, auf der wir nach rechts radeln. Nach kurzer Fahrt biegen wir in die Straße, die links zum Schloss Elmau hinaufführt. 1914 bis 1916 ließ der Philosoph und Theologe Johannes Müller das Schloss als Refugium für Künstler und Intellektuelle errichten. 2022 findet auf Schloss Elmau schon zum zweiten Mal der G7-Gipfel mit den Führern der wichtigsten Industrienationen statt.

Mittenwald

Mittenwald bezaubert durch viele mit Lüftlmalereien geschmückte Häuser. Der malerische Obermarkt wird vom reich bemalten Turm der sehenswerten Pfarrkirche überragt. Im 17. Jahrhundert begründete Matthias Klotz in Mittenwald das bis heute wichtige Handwerk des Geigenbaus. In einem der schönsten und ältesten Häuser von Mittenwald ist das sehenswerte Geigenbaumuseum untergebracht.

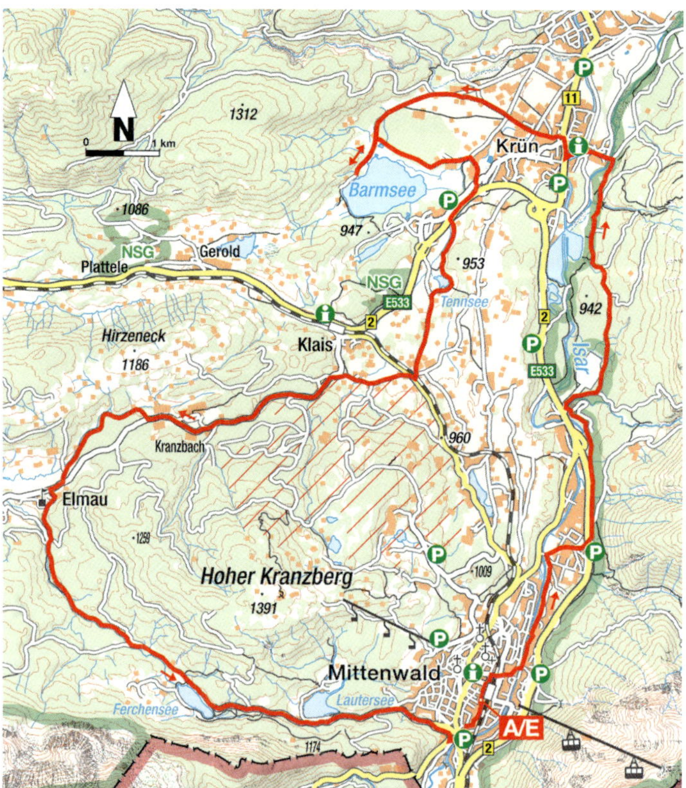

Bergseen auf dem Weg nach Mittenwald Vorbei an den Parkplätzen geht es auf breiter Forststraße um das Hotelgelände und dann abwärts zu einer Forstwegkreuzung. Wir fahren geradeaus talaufwärts und nach einem kurzen, steilen Berg geht es sanft aufwärts zum wundervollen Ferchensee. Vorbei am Gasthof Ferchensee radeln wir danach sanft aufwärts auf einen Sattel, auf dem die rasante Abfahrt beginnt. Bald kann man nach links einen

Abstecher zum herrlich gelegenen Lautersee machen. Nach einer Rast am See geht es zurück zur Teerstraße, der wir weiter abwärts folgen. Bald liegt Mittenwald unter uns und das für den allgemeinen Verkehr gesperrte Sträßchen trifft auf eine breite Vorfahrtsstraße. Auf ihr geht es nach links abwärts und am Ortsrand von Mittenwald auf der Hauptstraße nach links Richtung Ortsmitte. Nach wenigen Metern biegen wir nach rechts in den Mühlenweg ein, bei nächster Gelegenheit geht es nach links in die Straße Am Birnbaum und an der folgenden Kreuzung nach rechts in die Straße Zur Kreidemühle. An ihrem Ende folgen wir neben dem Bahnübergang der Vorfahrtsstraße nach links und radeln nach kurzer Fahrt nach rechts auf der Arnspitzstraße zurück zum nahen Bahnhof Mittenwald.

Die Kapelle Maria Königin am Lautersee

Über dem Barmsee ragen die Karwendelberge in den Himmel.

25 Rund um Benediktbeuern

Genießertour am Fuß der Alpen

Leicht | 30 km | 50 Hm | 2.15 Std.

Tourencharakter
Die fast durchwegs verkehrsfreie Tour verläuft teils auf geteerten Straßen, teils auf unbefestigten, aber gut zu befahrenden Wirtschafts- und Radwegen. Trotz der Nähe zu den Bergen gibt es auf der ganzen Strecke keine nennenswerten Steigungen.

Ausgangs-/Endpunkt
Benediktbeuern, Bahnhof

GPS-Koordinaten
47.7092, 11.4035

Anfahrt
Bahn: Benediktbeuern liegt an der Bahnlinie, die von München über Tutzing nach Kochel führt. Auto: Benediktbeuern erreicht man von der Ausfahrt Sindelsdorf an der A95 über die B472 und die B11.

Einkehr
In Kochel und Benediktbeuern

Bademöglichkeiten
Am Kochelsee und am Eichsee

Sehenswürdigkeiten
Kochel mit dem Franz-Marc-Museum und das Kloster Benediktbeuern

Information
Gästeinformation Benediktbeuern, Tel. 08857/248, benediktbeuern.de

Bei Benediktbeuern zwängt sich eine Moorebene zwischen die Berge. Früh schon wurden hier bedeutende Klöster gegründet und später begeisterten sich Maler für die bezaubernde Landschaft des Blauen Landes, durch die unsere Radrunde führt.

Nach Kochel am gleichnamigen See Vom Bahnhof Benediktbeuern fahren wir nach rechts zur Vorfahrtsstraße, die uns rechts über die Gleise führt. Wir biegen vor dem nahen Kloster Benediktbeuern nach links in die schmale Straße ein, die an der Bahnlinie entlang nach Süden führt. Nach eineinhalb Kilometern folgen wir den Radwegweisern auf einem Quersträßchen nach rechts und radeln auf dem breiten Kiesweg geradewegs auf die Ammergauer Alpen zu. Nach zwei Kilometern erreichen wir nach einem Bach eine Wegkreuzung. Geradeaus führt eine Kurzvariante zum Eichsee, wir biegen aber hier links Richtung Kochel ab. Auf dem holprigen Weg radeln wir am Bach entlang und an der Weggabelung vor Brunnenbach nach links zu einem befestigten Sträßchen. Auf ihm geht es sanft ansteigend zur Bahnlinie, vor der unsere Route nach rechts abknickt. Auf dem aussichtsreichen Weg radeln wir nun an der Bahnlinie entlang nach Kochel. Dort kann man auf der zweiten Straße, die nach links abzweigt, einen Abstecher ins nahe Ortszentrum unternehmen. Folgt man der B11 durch den Ort, erreicht man nach eineinhalb Kilometern das Franz-Marc-Museum.

Zum stillen Eichsee Wir radeln jedoch an der Kreuzung am Ortsrand von Kochel geradeaus in Richtung Schlehdorf. Die Straße geht in einen Radweg über und nach 600 Metern treffen wir auf die Landstraße, die uns nach rechts aus dem Ort führt. Nach 200 Metern biegt nach links eine Straße ab, die zu Badeplätzen am Kochelsee und zum Seebad Trimini führt. Wir radeln jedoch geradewegs über die Loisach, die rauschend aus dem Kochelsee strömt. Nach der Brücke beginnt ein angenehmer Radweg, der an der Straße entlangläuft. Nach drei Kilometern erreichen wir wieder die Loisach nördlich ihrer Mündung in den Kochelsee. Wir biegen vor der Brücke nach rechts in die für den Kraftverkehr gesperrte Straße ein, die am Fluss entlangläuft. Nach einem Kilometer bleibt der Abzweig nach links Richtung Unterau unbeachtet und kurz darauf knickt unser Sträßchen vom Loisachufer weg nach rechts ab. Wir radeln durch die malerische Wiesenlandschaft geradeaus, bis wir auf eine schmale Querstraße treffen. Bevor wir unseren Weg nach links fortsetzen, gönnen wir uns noch einen kleinen Abstecher nach rechts. Nach kurzer Fahrt biegen wir links auf einen Kiesweg ein, der uns geradewegs zur nahen Badestelle am herrlich gelegenen Eichsee bringt.

Ganz unten: Am kleinen Eichsee kann man eine Badepause einlegen.

Die barocke Klosterkirche von Benediktbeuern

Zurück nach Benediktbeuern Vom Eichsee geht es zurück zur Kreuzung am Quersträßchen, an dem der kurze Abstecher begann. Wir fahren nun geradeaus und

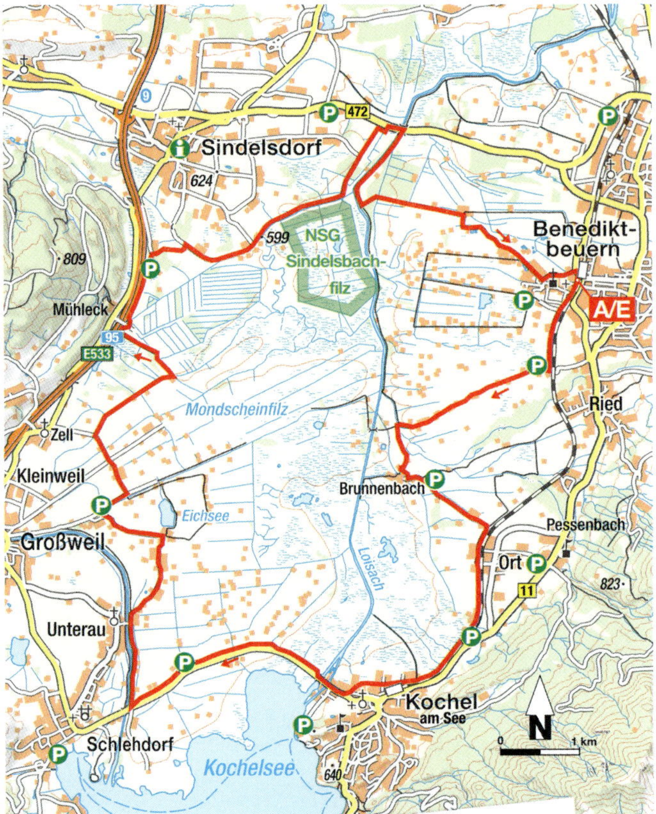

Die Loisach fließt durch den Kochelsee.

nach dem Triftgraben auf der Querstraße nach rechts. An der nächsten Kreuzung geht es nach links, geradeaus über die folgende Kreuzung und an einer Weggabelung vor Zell nach rechts auf einen Pflasterweg. Er geht geradewegs in einen etwas holprigen Feldweg über, knickt nach einem Kilometer links über den Zeller Bach ab und führt uns dann geradewegs bis vor die A95. Wir folgen dem Kiesweg nach rechts und passieren bald einen Autobahnparkplatz. Wenige Meter nach dem Ende des Wiesengeländes am Parkplatz biegen wir scharf rechts in einen Wirtschaftsweg ein. Vorbei an einer Schautafel zu den wiesenbrütenden Vögeln läuft er links an einem Wäldchen entlang. Auf einer schmalen Brücke geht es anschließend über den Sindelsbach zu einem Querweg, dem wir nach rechts folgen.

Jetzt radeln wir am Bach entlang, bis der zum Schluss hin unbefestigte Weg nach zweieinhalb Kilometern nach links abknickt. Geradewegs erreichen wir die B472 und folgen dem Radweg nach rechts über die nahe Loisach. Nach der Brücke geht es auf dem Radweg wenige Meter abwärts und am Ufer der Loisach nach links auf den schmalen, flussaufwärts führenden Weg. Nach gut einem Kilometer biegen wir an der nächsten Kreuzung nach links ab. Nun radeln wir immer geradeaus, bis wir vor dem Segelfluggelände von Benediktbeuern eine Querstraße erreichen. Auf ihr geht es nach rechts und nach kurzer Fahrt nach links auf eine breite Kiesstraße, die uns geradewegs nach Benediktbeuern führt. Wir treffen auf eine Teerstraße, auf der wir nach links um das Kloster Benediktbeuern herum zu einer Vorfahrtsstraße radeln. Nach rechts bringt sie uns zurück zum nahen Bahnhof.

Linke Seite oben: In Kochel gedenkt man des legendären Schmieds von Kochel.

Auf dem malerischen Klosterhof von Benediktbeuern

Kloster Benediktbeuern

Das 739 vom heiligen Bonifatius geweihte Kloster gehört zu den ältesten in Bayern. Ab 1669 entstand die heutige barocke Klosteranlage, an der die bedeutendsten Künstler jener Zeit mitwirkten. Die Klosterkirche ist eine der ersten großen Barockkirchen in Oberbayern. Die in prunkvollem Rokoko ausgestattete Anastasiakapelle ist ein Entwurf von Johann Michael Fischer.

Zugabe

__Seit über dreißig Jahren__ lebe ich südlich des Ammersees in der Nähe von Weilheim, wo das Fünfseenland fast unmerklich in den Pfaffenwinkel übergeht. Gerade für einen begeisterten Radfahrer wie mich ist es ein Privileg, in dieser traumhaften Landschaft seinem Hobby frönen zu können. Ich bin viel und gerne mit dem Rad auch in anderen Regionen unterwegs und kann deshalb gut vergleichen. Und ich komme immer wieder zu dem Schluss, dass die Landschaft im Südwesten von München zu den schönsten Zielen für Fahrradfahrer überhaupt zählt. Hier findet man in jeder Beziehung ideale Bedingungen für begeisternd tolle Touren.

__Im oft nur recht sanft gewellten Alpenvorland__ verlangen viele Touren einen überraschend geringen Kraftaufwand. Die Landschaft mit ihren weiten Ausblicken bis hin zu den Alpen, mit ihren stillen Mooren und zahllosen großen und kleinen Seen ist wundervoll abwechslungsreich. Immer wieder stößt man auf die Zeugen einer reichen und wechselvollen Geschichte, die bis in keltische und römische Zeiten zurückreicht. Ab dem frühen Mittelalter entstanden in der Region zahlreiche Kirchen und Klöster. Die deutlichsten Spuren hinterließ die Barockzeit, die mit ihren Zwiebeltürmen das Landschaftsbild prägt und mit den prächtigen Kirchen für künstlerische Highlights sorgt. Wem der Sinn eher nach weltlichen Genüssen steht, dem versüßen idyllisch gelegene Biergärten und zahlreiche Badeplätze jede Tour. Und all diese Herrlichkeiten kann man meist abseits des Straßenlärms erkunden, denn ein Netz verkehrsarmer Nebenstraßen und stiller Wirtschaftswege erschließt die gesamte Region aufs Beste.

__Wer also die perfekte Region__ für wundervolle Radausflüge oder für einen ausgedehnten Radurlaub sucht, der wird in der Landschaft zwischen München und der Zugspitze fündig. Viel Spaß beim Radeln in meiner Heimat.

Ihr
Bernhard Irlinger

Register

Impressum

Verantwortlich: Sabine Klingan, Lea Niesler
Lektorat und Redaktion: Christian Schneider
Layout: Eva-Maria Klaffenböck
Kartografie: Bruckmann Kartografie, Heidi Schmalfuß
Repro: P.R.O. MEDIEN
Herstellung: Bettina Schippel
Printed in Slovenia by Florjancic

★★★★★

Sind Sie mit diesem Titel zufrieden? Dann würden wir uns über Ihre Weiterempfehlung freuen. Erzählen Sie es im Freundeskreis, berichten Sie Ihrem Buchhändler, oder bewerten Sie bei Onlinekauf. Und wenn Sie Kritik, Korrekturen, Aktualisierungen haben, freuen wir uns über Ihre Nachricht an Bruckmann Verlag, Postfach 40 02 09, D-80702 München oder per E-Mail an lektorat@verlagshaus.de.

Unser komplettes Programm finden Sie unter www.j-berg-verlag.de

In diesem Buch wird aus Gründen der besseren Lesbarkeit das generische Maskulinum verwendet. Weibliche und anderweitige Geschlechteridentitäten werden dabei ausdrücklich mitgemeint, soweit es für die Aussage erforderlich ist.

Empfehlung der Redaktion
Sie sind auf der Suche nach weiterführender Literatur? Dann empfehlen wir Ihnen den Titel »Radeln abseits des Trubels« von Bernhard Irlinger. Oder Sie werfen einen Blick in die Zeitschrift BERGSTEIGER. Hier werden Sie bestimmt fündig.

Bildnachweis: Alle Bilder im Innenteil und auf dem Umschlag stammen vom Autor.
Umschlagvorderseite: Am malerischen Riegsee bei Murnau (Tour 18)
Umschlagrückseite: Über den Barmsee geht der Blick zum Karwendel (Tour 24).

Die Deutsche Nationalbibliothek verzeichnet diese Publikation in der Deutschen Nationalbibliografie; detaillierte bibliografische Daten sind im Internet über http://dnb.d-nb.de abrufbar.

Infanteriestraße 11a
80797 München

ISBN 978-3-86246-848-5